- 基于综合实践活动的生涯教育系列丛书
- 重庆市普通高中教育教学改革研究重大课题（2019CQJWGZ
- 重庆市北碚区普通高中物理课程创新基地成果
- 重庆市首批中小学"支点"创新实验室成果
- 西南大学附属中学校"疯狂物理"工作室成果

物理衔接与力学进阶

总主编 ◎ 欧 健

主 编 ◎ 李 杨　王沛雯

西南大学出版社

国家一级出版社　全国百佳图书出版单位

图书在版编目(CIP)数据

物理衔接与力学进阶 / 李杨,王沛雯主编. -- 重庆:西南大学出版社,2023.10
(附中文丛)
ISBN 978-7-5697-2005-1

Ⅰ.①物… Ⅱ.①李… ②王… Ⅲ.①中学物理课-教学研究 Ⅳ.①G633.72

中国国家版本馆CIP数据核字(2023)第202938号

物理衔接与力学进阶
WULI XIANJIE YU LIXUE JINJIE
主编 李杨 王沛雯

责任编辑：李　勇
责任校对：李　俊
装帧设计：闻江文化
排　　版：夏　洁
出版发行：西南大学出版社(原西南师范大学出版社)
　　　　　地址：重庆市北碚区天生路2号
　　　　　邮编：400715
印　　刷：重庆亘鑫印务有限公司
成品尺寸：185 mm×260 mm
印　　张：9.25
字　　数：170千字
版　　次：2023年10月 第1版
印　　次：2023年10月 第1次印刷
书　　号：ISBN 978-7-5697-2005-1
定　　价：25.80元

编审委员会

总顾问：宋乃庆

主　任：欧　健

副主任：刘汭雪　梁学友　黄仕友　彭红军　张　勇　徐　川
　　　　崔建萍　卓忠越　陈　铎

委　员：冯亚东　秦　耕　李海涛　李流芳　曾志新　王一波
　　　　张爱明　张万国　龙万明　涂登熬　刘芝花　常　山
　　　　范　伟　李正吉　吴丹丹　蒋邦龙　郑　举　李　越
　　　　林艳华　李朝彬　申佳鑫　杨泽新　向　颢　赵一旻
　　　　马　钊　张　宏　罗雅南　潘玉斌　秦绪宝　罗　键
　　　　付新民　张兵娟　范林佳

编写委员会

总 主 编：欧　健

本册主编：李　杨　王沛雯

本册副主编：黄　维　文吉强　杨　兴

编 写 者：唐志海　李正吉　杨峻一　张川云　陆　镇
　　　　　喻定钧　刘霄潇　周　佳　颜冬生　林小芳
　　　　　沈志容　李　丹　张　照　苏　强　郝永皓

总序一

新高考改革,出发点就是让学生拥有自主选择、自我负责的学习权。此种导向要求中学进行育人方式的变革,为学生开设生涯教育的课程,给予学生人生规划的指导,引导学生认知自己,明确自己的兴趣、性格、优势、价值取向,让学生以此为基础认识外界,更好地为自己设立生涯目标,并根据已拥有的资源规划实现目标。"遇见最美的自己"——基于综合实践活动的生涯教育系列教材,正是西南大学附属中学先于国家政策试点,通过不懈的实践探索,收获的基于综合实践活动推进生涯教育的特色研究成果。

如何通过生涯规划课程的学习引导学生学会自主选择,这一重要议题为我国教育改革与发展开拓了一个新的领域。"遇见最美的自己"——基于综合实践活动的生涯教育系列教材,从实践的角度架构了基于综合实践活动的生涯教育的基本框架,为服务于学生生成发展的育人模式的构建、学校教育品质的提升和学校实践改革的推进提供了重要启示,研究具有开拓意义。

第一,该套教材的目标定位和内容选择,是以"助学生找到人生方向"为根本宗旨,贯穿初高中,培养个体人生规划意识与技能,指导学生学会学习、学会选择,在充分认识自我和理解社会的基础上,平衡个人发展和社会发展的需求,初步设计合理的人生发展路径,促进个体生涯发展活动,提升生涯素养。

第二,教材的设计与安排,坚守"学生是学习与发展的主体"这一根本理念,不仅初高中分阶段相互衔接,进行了一体化设计,更重要的是通过活动为学生搭建主动选择的平台,以研究性学习、社区服务、社会实践、研学旅行、设计制作、职业体验等综合实践活动为载体,引导学生在活动中明确人生奋斗目标并激发生涯学习动力,而不是简单地为学生提供品类繁多的"超市商品"让学生选择。

第三,学校还开发了《传统武术奠基康勇人生》《食育与健康生活》《生物实践与创意生活》《数学视角看生活经济》《水科技与可持续发展》《乡土地理和家国情怀》等配套教材,结合校内外的学习实践和生活实践,将基于综合实践活动的生涯教育理论渗透到学科课程中,为学生生涯发展提供重要教育平台和资源,弥补学生社会经历缺乏、生活经验不足、实践体验机会太少等生涯教育短板,促进生涯教育过程性和动态性发展。主体教材和辅助教材相辅相助,将生涯教育和综合实践活动有效融合,让学生在沉浸式的体验中感知自己、认知职业、畅想未来。

第四,教材贴近学生,语言平实生动,联系初高中生活学习实际,通俗易懂;图文并茂,既有趣味的活动设计,又有学生实践的光影记录,观之可亲。学生可从课堂内的探索活动、课堂外的校本实践中深刻体验生涯力量,还可在教师的引导下从活动链接中习得生涯领域的重要概念及理论,为未来的生涯发展做好积累。

总体而言,整套教材以综合实践活动为基础,融入学科课程和劳动教育,以提升学生生涯规划能力为目的,不断强化适合生涯发展的认知能力、合作能力、创新能力、职业能力,力图帮助学生适应并服务于社会,获得终身学习、终身幸福的能力。

教书育人在细微处,学生成长在实践中。本套教材的出版,将丰富生涯教育的承载形式,为中小学开展并落实基于综合实践活动的生涯教育提供可借鉴的案例,有效加强中学生生涯教育,促进学生全面发展、终身发展和个性发展。希望广大学生也可以像西大附中学生一样"在最适合的时候遇到最美的自己",希望更多的学校像西大附中一样"为学生一生的生涯幸福奠基,让他们成长为自己满意的样子"。

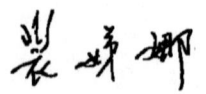

(北京师范大学资深教授,博士生导师,当代教育名家,
中国课程与教学论领军人物,全国教学论专业委员会主任)

总序二

寒来暑往,西南大学附属中学在生涯教育这片热土上已躬耕二十余年。多年实践让我们相信,学校的课程、活动、校本教材都应回到问题的原点:什么是教育?

教育,是将自然人培养成社会人的过程,是帮助每一个孩子认识自己、发现自己,让他既能成长为自己心中最美的样子,又能符合国家、社会对人才的需求。

因此,我们希望实现这样一种生涯教育:让学生有智慧地参与综合实践活动,从活动中生发智慧;让学生有德性地参与综合实践活动,在活动中完善德性;让学生带着对美的追求参与到活动中,在活动中提升创造美的能力。一个拥有智慧与德性、能够欣赏美创造美的个体,定然能够在瞬息万变的世界里立定脚跟,也能够在喧喧嚷嚷中细心呵护一枝蔷薇。

秉持这样的理念,我们编写了"遇见最美的自己"——基于综合实践活动的生涯教育系列教材,着力帮助学生更好地适应未来不同阶段的身份、角色。希望学习此书的孩子们,不必因为不懂自己、不明环境、不会选择而错失遇见最美自己的机会。请打开这些书,热情地投入到探索活动中,感知自己的心跳起伏,喜恶悲欣;细细品读每个生涯故事,观察他人的生活,触碰更多可能;更要在校本实践中交流碰撞,磨砺成长……这些书将是孩子们生涯成长路上的小伙伴,陪在身旁,给予力量。希望大家从此学会学习,学会选择,学会生活。

基于综合实践活动的生涯教育是为幸福人生奠基的教育。我相信,当每一个个体恰如其分地成长为自己所喜欢的样子,拥有人生幸福的能力,就同样能为他人带来幸福,为社会创造福祉,为国家幸福而不断奋斗!

欧健

(教育博士,正高级教师,西南大学附属中学党委书记、校长)

前言

一直以来,物理学的基本概念和基本定律都是自然科学的基础,也是科学世界观和方法论建立的基础。进入新时代,物理学更是有着极其广阔的发展空间。远到宇宙深处,近到咫尺之间,大到广袤苍穹,小到光子电子,世界的诸多奥秘等待着你去探索。

物理学专业以培养国家战略急需的基础科研和科技应用人才为目标,实行"科研创新型人才""科技应用型人才"分流培养。很多院校的物理学专业具有深厚的历史积淀。以西南大学为例,物理学专业创建于1950年,是西南大学的老牌专业之一,2007年成为教育部免费师范教育专业,2010年成为国家级特色专业,2014年获重庆市"三特专业"立项建设,2019年入围国家一流专业建设。对物理感兴趣的同学,可以选择物理学专业,在物理的世界里继续奋斗,成就非凡梦想!

本书是由西南大学附属中学组织"疯狂物理工作室"的骨干教师编写的知识拓展类读物,是"疯狂物理工作室"的阶段成果。课程以物理情景案例分析引入,围绕初、高中力学内容的知识衔接进行教学。

本课程学习内容主要涵盖:机械运动基本物理量,位移、速度与时间的关系,加速度,匀速直线运动的基本概念与应用,自由落体运动,力(弹力、重力、摩擦力),共点力的受力分析,力的合成与分解,牛顿运动定律以及中学物理的思维方法,如归纳与演绎法、分析与综合法、守恒法、图示与图像法、模型法、等效法、对称法、分割与积累法、猜想与假设法、类比法、极限法等。课程还特别设置了跨学科的内容:数学中的物理、生物中的物理、化学中的物理、语文中的物理、艺术中的物理等。全书图文并茂,内容充实,对学生有一定的理论和实践指导意义。

本书适用于学有余力的初三和高一学生。

目录

走进疯狂物理思维方法衔接课堂 …………… 001

第1讲 | 运动与静止的分析
　　　　——谈机械运动 …………… 013

第2讲 | 快与慢的判断
　　　　——谈位移、速度与时间的关系图像 …020

第3讲 | 让速度再快一点
　　　　——谈匀变速直线运动基本概念 ……… 030

第4讲 | 万变不离其宗
　　　　——谈匀变速直线运动的应用 ………… 038

第5讲 | 相遇、相识、相知
　　　　——谈物体间的作用 …………… 046

第6讲 | 人生也有起起落落
　　　　——谈自由落体与竖直上抛运动 ……… 054

第7讲 | 大丈夫"能屈能伸"
　　　　——谈形变与弹力 …………… 061

第8讲 | 阻碍只是相对的
　　　　——谈摩擦力 …………… 069

第 9 讲	团结就是力量
	——谈共点力的受力分析 ·················· 075

第 10 讲	合久必分，分久必合
	——谈力的合成与分解 ···················· 081

第 11 讲	理想总是要实现的
	——谈牛顿第一定律 ······················ 087

第 12 讲	努力改变人生的状态
	——谈牛顿第二定律 ······················ 092

第 13 讲	力的作用是相互的
	——谈牛顿第三定律 ······················ 097

第 14 讲	数学中的物理 ······························ 101

第 15 讲	生物中的物理 ······························ 106

第 16 讲	化学中的物理 ······························ 111

第 17 讲	语文中的物理 ······························ 115

第 18 讲	体育和音乐中的物理 ························ 119

附录一　常用物理思维方法 ································· 124

附录二　中学物理力学知识内容与对应思维方法 ··············· 131

参考文献 ··· 133

走进疯狂物理思维方法衔接课堂

  春风十里,万物复苏,冰冻的河流传出汩汩的声音,试想你站在嫩绿的草地上不断拉动手中的细线,那只纸燕子正在空中与风对战;夏日炎炎,鸟语蝉鸣,洒水车播放着熟悉的旋律,试想你正站在树荫下看着水管喷出的水雾,那美丽的彩虹与你不期而遇;秋高气爽,桂花飘香,一片树叶飘落到地上,一颗松果被调皮的松鼠摇落,滚到你的脚边;寒冬腊月,鹅毛大雪,白皑皑、静悄悄,一片雪花落到你的嘴唇上,一丝冰凉后就变成了甘甜。(图1)

▲ 图1

  品味这些时刻并不需要用到中学物理的知识,但你的好奇心可能会促使你提出一些问题:为何风筝能够平稳地飘在空中?为何彩虹出现在水雾后面?为何松果掉落比树叶要快?为何雪花会融化而你的嘴唇却不结冰?

学习如何设计实验、构建模型,并运用实践来解释这些现象,会带给我们物质和精神上的巨大财富。精心推出一个结论,并用简单、有效的实验来检验它,是多么令人兴奋和难忘的事。在中学物理的课堂上,如果你只是陷入公式题海,就会失去很多这样的精神享受。

生活情景

某个周末的早上,你想用电饭锅为爸爸妈妈熬一锅粥,可是电饭锅罢工了。下面4个备选方案中,哪一个会最管用呢?

1.用你的手掌猛敲电饭锅。 2.拼命寻找可能已经扔掉的使用说明书。

3.打电话咨询朋友。 4.用物理方法来检修存在的问题。

情景分析

所有备选方案都有可能实现最终目标。电器或其他器械对瞎敲乱打有时会有正面的反应,这在现实生活中经常发生。方案2和方案3都是求助权威的一种形式,除了方案1会偶尔带来成功外,方案4是最快且最有可能成功的方式。

解决物理问题的一般步骤如下:①细心观察物理现象;②从观察和实验中归纳出规则或定律,进行公式化表述;③猜想并生成假说,以解释由观察和实验得到的定律,把假说提炼为理论;④用进一步的实验或观察检验假说或理论。

按照步骤①仔细观察电饭锅故障的症状。假设电饭锅只是拒绝发热,那么你会发现闭合开关后,看不到指示灯显示,也听不到声音提示,不论你开关多少次,都没有任何热量产生,这就是你观察得到的事实,也就是步骤②中要求的简单归纳。现在你就需要进入步骤③猜想并生成假说:

1.电源插头没有插好。

2.自己家的空气开关跳闸了。

3.整个小区断电了。

4.电饭锅内部指示灯和蜂鸣器都坏了。

5.电饭锅内部的一根电线松开了。

6.电饭锅内部的电热丝坏了。

要检查这些可能性,后3项相对比较复杂,可是前3项并不需要电学的详尽知识,是非常容易的,应当快速检查并排除,如重插插头或接通空气开关,问问左邻右舍是否有电,就能知道整个小区是否断电。

如果电饭锅内部的电路出现问题,就需要你打开电饭锅看看内部情况了,哪怕发生后3项故障,也能很快找出问题,只是需要一些专业的知识与技能。找出电饭锅罢工的原因并不是价值最大的,价值更大且更有意义的是学会这种系统处理问题的思维和方法。

在现实生活中,大家不断观察现象获取信息,然后发出一些感叹或提出一些疑惑。当你掌握一定物理思维方法之后,你就会简化抽象这个情景事件,把它发展成一个物理模型,通过物理知识和数学处理来思考最终解决办法,或者解释现象的成因。图2中虚线框内的系统处理方式就像电脑CPU一样,它是由一定思维方法来指导进行的。

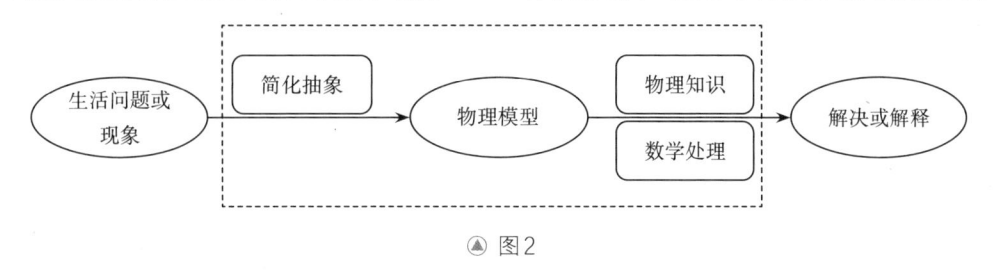

生活问题或现象 → 简化抽象 → 物理模型 → 物理知识 / 数学处理 → 解决或解释

▲ 图2

一般说来,物理学科是揭示和阐述物质世界基本构成、基本属性、相互作用和运动规律的自然科学。更广义地说,物理学是探索、研究大自然现象及其规律的科学。物理学的最大魅力在于朴实,一是简单的原理蕴含着丰富的推论,二是忠于事实的严谨态度。

在两千多年前,物理学与哲学、化学等经常被混淆在一起称为"自然哲学",直到16世纪才单独成为一门现代科学。在人生的成长过程中,学一些物理知识、掌握一点物理规律、拥有一些物理思维是非常有必要的。物理学习使人能适应现代社会,使人能够进一步学习,使人的素质得到明显提高。

当踏入高中物理课堂,面对一群学霸和有趣的物理老师,你做好准备了吗?依旧是熟悉的力、热、光、电、磁、声,还有熟悉的小木块和小球,你做好准备了吗?常常听到有学生这样感叹:想当初我中考物理轻轻松松考75分以上(重庆中考物理满分80分),唉,到了高中即便非常努力也只能勉强及格……也许对于部分物理学霸而言,他们依旧保持出色,但相当一部分同学则有可能会遇到物理学习的一个大台阶,那么我们如何跨上台阶呢?这就需要了解初中物理课程和高中物理课程的差异,做好初、高中物理的融合与迁移。因此我们在走进疯狂物理思维方法衔接课堂前,先聊一聊初高中物理的衔接。

一、初、高中物理"台阶"的形成

台阶，一般是指用砖、石、混凝土等筑成的一级一级供人上下的建筑物，多在大门前或坡道上，有时比喻某种途径或机会。可见台阶既可能是阻碍也可以是机会，初、高中物理学习的这个"台阶"也是如此（如图3所示）。

个体知识的有限性、间断性与人类知识的无限性、连续性相对比，就要求学习者从基础阶段的学习过渡到较高层次的学习，因此任何知识的学习都会涉及过渡衔接的问题，物理学习也不例外。初、高中物理学习过程中形成的"台阶"，也就是衔接，从本质上来说，就是初、高中不同程度物理知识的融合和相关能力的迁移。

▲ 图3

研究中学物理教育教学的专家学者对此也发表过不同的观点：有些人认为"台阶"的形成，是因为中学物理思维过程被忽视，导致不能形成良好的思维习惯，从而提出要注重新旧知识的同化，加强物理实验和构建物理模型的能力培养；有些人认为高中物理难学的成因在于初、高中物理知识的差异，对思维能力要求的差异以及认知能力的变化；有些人认为，与初中相比，进入高中后从知识的深度与广度、心理乃至学法上都有较大差别。高中物理知识容量大，覆盖面广，难度上有明显提高。高中物理课要求学生对物理现象有更深层次的掌握，更好地运用逻辑思维、抽象思维，并激发学生深入探究物理知识内涵，运用物理知识解决实际问题能力的兴奋点，因此要树立全新的思维方式；还有些人认为，初中物理重在定性研究，研究对象直观性强，以认知为主。高中物理研究对象抽象且复杂，注重定量分析、推理和论证，多要求运用所学知识来解决实际问题。这对于抽象思维能力仍待提高的高一新生，无疑是一个很高的"台阶"。从上述观点中不难发现：物理思维方法在高中物理学习中至关重要。

二、思维方法助力衔接

物理思维方法有巨大的核心"力量"，它可以帮助大家系统有序地解决问题。比如极限、模型、等效、守恒、对称、猜想和类比等方法可以对复杂问题进行简化，其中守恒、对称还体现了物理之美，发现物质和精神世界中更加广义的美。另外，在物理学发展的历史中，极限、模型、猜想和类比等思维方法还起着推动物理学前进的作用，如托勒密的"地心说"，哥白尼的"日心说"，都是对天体运动进行的"建模"，伽利略提出的"理想斜面"上的运动,是对运动过程的"建模",而卢瑟福提出的原子核式结构模型则是对原子结构的"建模"。这些伟大的思维方法推动了科学的进步,在科学发展史上留下了光辉的篇章。

那什么是思维?什么是物理思维?物理思维方法有哪些呢?

不同学科领域对于思维的理解各不相同。研究生理学的学者认为,大脑皮层的电活动与思维活动有关,思维与脑电波的快慢有关;研究信息学的学者认为,思维就是加工信息;研究哲学的学者认为,思维是在人脑中对事物展开理性研究的过程;研究心理学的学者认为,思维是人意识活动的产物,意识的核心是思维和语言;研究教育学的学者认为,思维是对给出的信息的超越,是填补证据间空白的高级技能。综上可得,思维以感知为基础,是认识过程的高级阶段。人们通过思维认识客观事物的本质属性、内部规律以及事物间的相互关系。

物理思维是人脑有意识地通过主观能动性对客观世界存在的物理事物进行间接、概括性的反映。根据思维材料的不同,物理思维大致分为三类。①物理抽象思维:以物理概念为思维材料,以概念、推理和判断为形式;②物理形象思维:以物理表象为思维材料,以直感和想象为形式;③物理直觉思维:以物理概念和表象结合而成的知识组块为思维材料,以直觉和灵感为形式。三种物理思维往往相互共存,这样才能深入、全面地把握物理事物的本质。

在学校,学生学习活动的核心就是思维活动,初、高中阶段物理学习中各个层次的差别,最终必然体现在对思维活动的不同要求上来。

【情景一】足球之问

甲:这是什么?(指着地面上的足球)

乙:足球。

甲:到底是什么?

乙:就是足球啊,难道不对吗?

甲:这个足球放在体育用品店的货架上是什么?把它买走带到足球场上时是什么?把它送给好朋友时又是什么?你能感受到它们之间的区别吗?

乙:哦!足球在体育用品店的货架上时是商品,带到球场就成了体育用品,送给朋友就是礼物了,对吧?

甲:是的,足球在不同情景中可以有不同的身份。

在不同的环境中,同一事物具有不同的意义,在不同的前提下,同一概念也会有不同的理解,因此,思维活动必须具备辩证性。面对多样的事物,就需要有恰当的选择,这要求学生在学习过程中重视思维活动的准确性。初中物理往往只要求从最普通的角度来认识物理概念的某一侧面,高中阶段则往往要求从多个角度来认识物理概念的各个侧面。就以"足球之问"来说,初中阶段可能只需回答"足球"即可,而高中阶段则必须在观察周边环境、揣摩提问者意图后,进而从"商品""体育用品"和"礼物"等众多答案中给出最为合适的选择。相比之下,显然高中阶段的物理学习需要格外注重思维的辩证性和准确性。

【情景二】主食与家乡

甲:你习惯吃大米还是吃面条?

乙:面条。

甲:哦! 那么我猜你的老家在浙江吧?

乙:咦? 我习惯吃面条怎么会猜我的老家在浙江呢? 猜我是陕西人还比较合理吧!

甲:你是说根据你习惯吃面条的习惯从而猜测你是陕西人更加合理,对吗?

乙:当然! 如果我习惯吃大米,你猜我是浙江人就合理了。

甲:合理的猜测就一定正确吗?

乙:不一定! 毕竟陕西人也有习惯吃大米的,浙江人也有习惯吃面食的。

甲:看来"主食"与"家乡"的关系并不是那么简单。

"主食"与"家乡"之间存在着某种联系:大部分浙江人习惯吃大米,大部分陕西人习惯吃面条。大家很容易进行合理猜测"习惯吃大米的是浙江人,习惯吃面条的是陕西人",这就与初中学习物理所遇到的大部分问题一样,在浙江人和陕西人之间凭借"主食"来判断"家乡",解决这样的问题一般只要注意思维的"合理性"。而由于存在"小部分陕西人习惯吃大米"和"小部分浙江人习惯吃面条",这就让仅凭"主食"判断"家乡"成为一种"比较合理但不严密"的思维方式,高中阶段学习物理时所碰到的大部分问题就是如此。这时仅凭"主食"判断"家乡"的思维方式就显得不周密了,解决这样的问题就需要同时关注思维的合理性与周密性了。

【情景三】象棋之局

甲:有这样一个象棋局:小西走了几步"炮",小南也走几步"炮";小西跳了几步

"马",小南就跳几步"马"……可是最后小西赢了。两人下棋的步骤总体来说是一样的,这是什么原因呢?

乙:这是为什么呢?

甲:懂一些象棋的人知道:小西摆了"当头炮",小南应该跳"马",但是他却也跟着移动"炮"。这就好似小西正按照自己的设计进行,而小南却没有根据情况安排自己的下棋次序。

乙:下棋步骤越多,安排一个合理的下棋次序就越有挑战,有时就越需要一些"灵感"。

学习物理与下象棋在某些地方是相通的。物理的思维活动是由一系列判断连接起来的漫长过程,这就要求思维活动在有序的同时又要有一定的灵活性。初中阶段解决物理问题一般情况下只需一两个步骤即可,而高中阶段在解决物理问题时的思维过程一般较长,环节也较多,因此对有序和灵活有更高的要求。

例题

如图4所示,质量$M=100$ kg的平板车放在光滑的水平桌面上,车高$h=1.25$ m,一个可视为质点质量$m=50$ kg的小木块放在车上,距离左端1 m,小木块与平板车上表面的动摩擦因数$\mu=0.2$,g取10 N/kg。现对平板车施加水平向右的恒力F,当车运动$s=2$ m时,小木块恰从车的左端滑离平板车,求小木块着地时距离平板车左端有多少米?

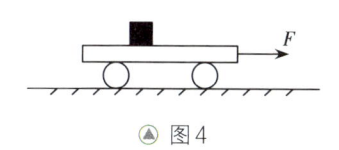

▲ 图4

解题步骤:

(1) $\mu mg = ma_1 \rightarrow a_1 = 2$ m/s²	(7) $F = Ma \rightarrow a = 5$ m/s²
(2) $s - b = \frac{1}{2}a_1 t_1^2 \rightarrow t_1 = 1$ s	(8) $h = \frac{1}{2}gt_2^2 \rightarrow t_2 = 0.5$ s
(3) $s = \frac{1}{2}a_2 t_1^2 \rightarrow a_2 = 4$ m/s²	(9) $s_1 = v_1 t_2 \rightarrow s_1 = 1$ m
(4) $F - \mu mg = Ma_2 \rightarrow F = 500$ N	(10) $s_2 = v_2 t_2 + \frac{1}{2}at_2^2 \rightarrow s_2 = 2.625$ m
(5) $v_1 = a_1 t_1 \rightarrow v_1 = 2$ m/s	(11) $\Delta s = s_2 - s_1 \rightarrow \Delta s = 1.625$ m
(6) $v_2 = a_2 t_1 \rightarrow v_2 = 4$ m/s	

❀【情景四】比赛之胜

甲：100 m赛跑比的是什么？

乙：这个问题很简单啊，当然比谁跑得快。

甲：你再想想呢？我想知道你得出这个简单问题的结论时，是如何进行思考的？

乙：在裁判看来，100 m赛跑就是比相同路程所用时间；在观众看来，就是比相同时间所跑的路程，还有什么复杂的思考吗？

甲：好，已经有进一步的思考了，那再深入一点：如果发令枪响后，小西立即冲出起跑线，小南反应慢了一些，犹豫了0.6 s才冲出，结果小西比小南早0.2 s冲过终点。谁跑得更快呢？谁取胜呢？

乙：这样看来这100 m赛跑还真的不能简单认为是比谁跑得快了。

甲："100 m赛跑就是比谁跑得快"这个判断似乎是显而易见的，恰恰就是这样看似简单的问题容易诱导思维活动失去深刻性和批判性。

思维活动中应该自觉去"质疑"，这样批判性的思维可以保证最后的判断更加接近事物本质，从而让思维更具有"深刻性"。初中阶段所涉及的物理问题大多数是定性分析，不要求彻底揭示出深刻的物理本质，就好像对"100 m赛跑"粗略理解为"比谁跑得更快"即可。而高中阶段涉及的物理问题通常需要揭示深刻的物理本质，相应的思维方法更多的是在观察感知的基础上，进一步深入思考，探索事物的内在本质。

物理学发展至今，各大体系相对完整，一代又一代的物理学家除了留下经典的物理概念、规律、实验之外，其中尤为珍贵的财富是相对完善的思维方法。本书依据有关文献把广泛意义上常用的物理思维方法分为以下几大类：归纳与演绎法、分析与综合法、守恒法、图示与图像法、模型法、等效法、对称法、分割与积累法、猜想与假设法、类比法、极限法等。具体思维方法的内涵在每一部分根据案例情景进行了渗透分析，思维方法的介绍也在书后的附录中进行了汇总。

三、用"力"跨上"台阶"

选讲初、高中的力学衔接，主要是由于高一物理教材的内容是力学，同时力学也是初中物理教材的重要板块。初中物理课程已经学习了机械运动、参照物、长度与时间的测量、速度定义和公式、匀速直线运动、平均速度、力的概念、力的作用效果、力的示意图、重力、弹力、摩擦力、牛顿第一定律、惯性、二力平衡、固体压强、液体压强、大气压强、流体压强、浮力、阿基米德原理、简单机械（杠杆、滑轮、斜面）、功、功率、机械效率、动能和势能、机械能及其转化等。这些知识点中,有的在高中不会再讲,如杠杆、液体压强、浮力等,但是作为知识基础,大部分内容在高中学习中是需要使用的,如力的作用效果、力的示意图、二力平衡、功、功率等。另外还有一些基本仪器的使用,如刻度尺、弹簧测力计、天平、量筒、秒表等。其他的内容在高中将继续学习,并进一步扩充和加深。

物理概念立足于大量的观察、实验,通过分析、比较、综合、归纳、想象获得感知,区分特殊与普遍,分析出现象与本质,并把一些本质的、共同的事物特征加以概括形成概念。

初中阶段的物理概念学习侧重于感知和理解,高中阶段的物理概念学习侧重于理解和运用。下面分别是初中和高中阶段对重力势能这一概念的课堂学习过程。

【初中物理课堂】

情景展示:请同学们考虑为什么"水滴石穿"?

(同学们讨论回答)

问:"石穿"的效果和哪些因素有关呢?

答:水滴的高度、质量和持续时间。

问:如果我们先不考虑时间,那么和高度、质量有怎样的关系呢?

答:水滴位置越高、质量越大,"石穿"越明显。

问:你们还能举出相似的例子吗?

答:高空坠物。

问:坠物伤人的程度和什么有关呢?

答:质量和高度。

问:请同学们进一步考虑为什么坠物和水滴,具有这样的效果?

答:他们具有能量。

师:由于物体被举高而具有的能量叫作重力势能。

【高中物理课堂】

模型建构:一个质量为 m 的物体,从距地面高 h 处落到地面,求重力做的功。

学生解答:算出 $W_G=mgh$ 即可。

问:物体从高处落到地面,重力势能怎样变化?

答:减少为零。

问:减少的重力势能和重力做功有什么关系?

答:重力做的功等于减少的重力势能。重力势能的减少量可以用 mgh 来表达。

问:mgh 表示了什么?

答:表示了物体在某一高度具有的势能。

师:这说明了什么？物体的重力势能可定义为 mgh。

从上面初、高中的课堂可以看出,初中物理从生活实际发现问题来进行定性研究,只要求能够简单地解释现象,而高中阶段则要求定量计算和严格理解,如定义了零势能面,重力势能的大小取决于质量、重力加速度和高度三个物理量,质量不随物体的位置、状态等因素改变,但是重力加速度是受地点影响的,高度是人为规定的,因此重力势能是一个相对的状态量等。

物理课程中有非常多的实验,初、高中阶段对物理实验的要求也是不一样的。初中物理实验主要是取材于生活实际,如小孔成像实验、惯性演示实验、静电演示实验等,以感性的认知为主。高中物理实验有精确定量的要求,如油膜分子直径的估算、测量重力加速度等,这种定性和定量的不同要求是初高中物理实验的主要区别。此外,初中物理侧重实验操作的规范性,对器材的认识、选择和使用要求较严,高中物理侧重于实验操作的严密性和结论的准确性。

初、高中物理习题的取材不同。初中物理大部分习题来源于生活,重视通过大量的现象来理解物理并应用于实际生活;高中物理大部分抽象和综合实际问题,从而建构物理模型。初、高中物理习题的难易要求不一样。初中物理问题中物体的状态和物理情景过程以一到两个为主,通过课本上的原始公式简单推导就能得出结论;高中物理问题中的状态和过程大部分在两个以上,各个部分之间有紧密联系,解决时要进行周密的思考和严格的论证。初、高中物理习题的开放程度也不一样。初中重视学生思考想象,主要从答题习惯、书写格式规范以及联系实际生活经验等方面进行设置题目情景,有些开放式试题没有标准答案,只存在严密与否,没有对错之分;高中则重视对物理问题的定量计算或公式表达,在论证的严密性、思维的逻辑性和知识的综合性上有更高的要求。

以下就从教材知识点、数学运用、实验特点、物理思维方法等方面进行简单对比(见表1至表4)。

表1 初高中教材知识点对比

	初中教材	高中教材
物理现象	与生活生产直接相关,简单易观察	与生活生产相关,复杂需转换
研究对象	直观	抽象
研究过程	问题单一,静态较多且过程少	问题深入,动态静态结合多且过程复杂
物理规律	在实验现象等形象思维基础上的归纳总结	在已有概念、规律、模型、实验现象等抽象思维基础上的逻辑推理
习题特点	定性较多,注重物理现象的解释,简单逻辑推理,多数直接利用公式解题	定量较多,普遍用物理量字母表示结果,分析物理情景,画物理图像,建立物理模型,多种方法解题,多数需联立方程组

表2 数学运用对比

	初中	高中
数学公式	少且简单	多且复杂,需数形结合
数学运算	简单的标量运算和几何,少数难题用到图像、函数	复杂的矢量运算和三角函数,多用函数列方程组解题

表3 实验特点对比

	初中	高中
课标要求	提升学生学习物理的兴趣,感受科学实验过程带来的乐趣,培养实事求是的科学精神	注重在探究过程中提升学生的思维能力、创新意识以及动手能力等
特点	简单有趣,易于操作,易于观察得到结论	操作步骤较复杂,实验数据处理不易

表4 物理思维方法对比

初、高中共有部分	等效法、归纳法、比较法、类比法、猜想与假设法
高中加深部分	模型法:如理想斜面实验——质点模型 图示和图像法:如同一直线力的合成——平行四边形法则
高中新增部分	演绎法、对称法、分割法、累积法、守恒法、综合法

本书所列的中学物理学习的思维方法不能涵盖中学物理的全部思想方法，只就中学物理力学学习中运用较多的思维方法进行介绍，希望能帮助大家跨上初、高中物理衔接的"台阶"。当然，对于本书中选用的物理问题，大家可以从不同的角度进行思考，有的问题的解决方法可能有几种。最后，希望通过本书让所有爱物理和不爱物理的人都能够收获一些思维方法，这些思维方法不仅可以运用在物理课堂中，还能让大家终身受用！

第1讲

运动与静止的分析
——谈机械运动

身临其境

小西乘坐G1976次复兴号高铁从重庆到上海探亲。她坐在座位上,看了看手中的车票,写着9:21出发,22:32到达。小西看向窗外,发现列车仿佛"启动"了,因为自己离旁边"停着"的列车越来越远。看着看着,她突然发现,竟然是旁边的列车启动了,自己乘坐的列车并没有动。过了一会儿,列车终于开动了,小西拿出手机看了看地图,重庆到上海的直线距离约1400 km,但却要13 h多才能到达,而地图上也实时显示出小西所在的位置。旅途中列车穿过隧道,跨过河流,路边鲜花盛开,小西渐渐睡去(图1-1)。

▲ 图1-1

知识对接

⊘ 机械运动:机械运动的概念在初、高中没有变化,但是高中在研究物体的运动时,要学会用模型法。若物体的形状、大小和所研究的问题没有关系时,可以将物体简化成一个有质量的点,即质点。

⊘ 参考系:高中物理中引入参考系的概念,它是指用来做参考的一系列物体,相当于初中的参照物。

⊘ 时间:高中对初中所认知的"时间"这个概念进行细分,分为时刻和时间间隔,若用数轴表示,它们相当于数轴上点和线段的关系。

⊘ 位移:高中在初中"路程"的基础上引入了"位移"的概念,描述的是物体(质点)的位置变化,路程与位移既有区别又有联系。

初级思考

相关知识一

在物理学中,把一个物体相对于另一个物体位置的改变称为机械运动,简称运动。

情景问题分析

"过了一会儿,列车终于开动了。"这一情景中,小西所乘坐的列车相对于旁边的列车位置发生了改变,那么也就是说列车开动属于机械运动,而鲜花盛开就不属于机械运动。

相关知识二

在机械运动的定义中所说的另一个物体,即被选作参照标准的物体,叫作参照物。如果一个物体相对于参照物的位置在改变,则称这个物体是运动的;如果一个物体相对于参照物的位置没有发生改变,则称这个物体是静止的。人们所说的"运动"与"静止"是相对的,即相对于所选择的参照物而言。选择不同的参照物,结论也常常会不一样。

情景问题分析

"小西看向窗外,发现列车仿佛'启动'了,因为自己离旁边'停着'的列车越来越远。看着看着,她突然发现,竟然是旁边的列车启动了……"这一情景中,小西之所以觉得自己所在的列车"启动了",是因为她选取了旁边列车为参照物,小西所乘坐的列车相对于旁边的列车位置发生了变化,我们就说小西乘坐的列车相对于旁边列车来说是运动的。

过了一会儿,小西发现自己乘坐的列车并没有动,是因为她选取了路边的树为参照物,小西所乘坐的列车相对于路边的树来说位置并没有发生改变,即小西所乘坐的列车相对于树来说是静止的。由此可见选取的参照物不同,同一物体的运动和静止情况也可能不同。

相关知识三

要进行测量就要有一个人们公认的测量标准,即国际单位,在国际单位制中长度的基本单位是米,常用的长度单位有千米、米、分米、厘米、毫米、微米、纳米等,测量长度的基本工具是刻度尺。时间的基本单位是秒,常见的时间单位有时、分、秒、毫秒、微秒等,测量时间的基本工具是秒表。

情景问题分析

"她坐在座位上,看了看手中的车票,写着9:21出发,22:32到达。"这一情景中,知道了出发时间和到达时间,这就可以求出乘坐火车从重庆到上海需要的时间。在这个过程中的计时工具明显不是秒表,虽然秒表是时间的基本测量工具,但从重庆到上海所需时间用秒表进行测量就有些不科学了。

"重庆到上海的直线距离约1400 km。"直线距离说明并不是火车运行的实际路程。

自我认识

1. 下列现象中不属于机械运动的是(　　　)。

　　A.列车奔驰　　　　B.春风拂面　　　　C.江水东流　　　　D.种子发芽

2. 乙看到路旁的树林在向北运动,甲看到乙静止不动,若甲、乙都以地面为参照物,则他们应该是(　　　)。

　　A.甲向南,乙向北运动　　　　　　　B.甲向北,乙向南运动

　　C.甲、乙都向北运动　　　　　　　　D.甲、乙都向南运动

高级思考

相关知识一

质点是一个用来替代物体的、有质量而无形状的点。能将物体抽象成质点的条件有:第一,物体各部分的运动情况相同,即物体平动;第二,物体虽转动,但转动对所研究的问题影响极小。如研究地球的公转时,忽略地球的自转,可以把它看成一个质点,而研究地球上昼夜变化、四季更替时就不能把地球看成质点,还要考虑地球的自转;第三,质点是一个抽象概念,可看成质点的物体体积可大可小。

情景问题分析

"小西乘坐G1976次复兴号高铁从重庆到上海探亲。"这一情景中,小西乘坐的列车能否看成质点? 这要视具体情况而定,一个做机械运动的物体,能否抽象成质点,

需要考虑物体的形状和体积是否与我们研究的内容无关。质点是我们为研究问题的方便而引入的一个理想模型。只要我们能把物体的运动简化为一个点的运动，那么这个物体我们就可以看作质点。火车运动相对于整条路线来看，可以看作一个质点，因为其形状体积与全程相比几乎可以忽略不计，但是过隧道时，火车就不能看成质点了，此时车身长度与隧道长度相比就不能忽略。

相关知识二

由于运动是相对的，我们需要预先确定一个物体或者一组相对位置不改变的几个物体，作为判断动与静的标准，这样的物体（或几个物体）就称为参考系，有时也简单地把参照物称为参考系。

情景问题分析

"小西看向窗外，发现列车仿佛'启动'了，因为自己离旁边'停着'的列车越来越远。看着看着，她突然发现，竟然是旁边的列车启动了……"这一情景中小西在列车启动时产生了一个错觉，本来是旁边的列车启动了，她却下意识认为是自己的列车启动了，这就是参照系选取不同造成的错觉。在描述物体的运动时，先要用"其他物体"作参考，观察研究对象相对这个"其他物体"的位置是否变化以及怎么变化，这种在描述物体的运动时用来作参考的"其他物体"被称为参考系。参考系的选取是灵活的，选择不同的参考系，物体运动的描述可能不同，一般选取地面为参考系。小西以为自己乘坐的列车启动了，实际上是选取了旁边的列车作为了参考系。选择谁作为参考系，就假设它不动，当两列车位置发生了相对变化，自然就认为是自己乘坐的这一辆列车在运动。在解决实际问题时，参考系的选取是非常重要的！

相关知识三

为了准确描述研究对象相对于参考系的运动，必须在参考系上建立坐标系，以便可以用一组坐标来表示研究对象的位置及位置的变化。若坐标系的各轴线表示的物理意义不同，则坐标系中的点所表达的含义也不相同。

情景问题分析

"地图上也实时显示出小西所在的位置。"这一情景中小西能够利用手机实时查看自己的位置，跟坐标系的建立是分不开的。我们最熟悉的坐标系是数学上的二维平面坐标系，只要给定 x 和 y 的值，就一定能够确定某点在该平面中的位置。地球的经度纬度实际上也是一种坐标系，给定某个地点的经纬度，就一定能实现精确定位。因此坐标系能够很好地说明质点的位置。

相关知识四

为了描述物体位置随时间的变化，需要确定记载时间的方法，也就是说选定"钟"。一般来说，一切周期过程比如单摆、原子衰变、星球转动等，都可作为计时的"钟"。"钟"的每一状态指示一个时刻，用 t 表示，在时间轴上表示为某一点，比如生活中的"早上9:30""下午1:10"。

对于运动过程所经历时间的长短，用时间间隔 Δt 来表示，我们也常简称为时间。时间间隔是终止时刻与起始时刻之差，即 $\Delta t=t_{末}-t_{初}$，在时间轴上表示为某一段。比如"小明做完这道题需要 4 min"，这里的 4 min 就是指的时间。

如图1-2所示是一个时间轴，从图中标注可以帮助区分时刻与时间。

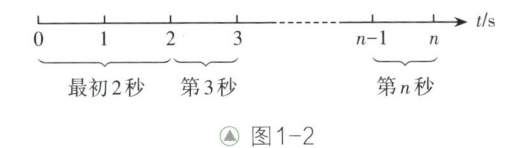

▲ 图1-2

情景问题分析

"她坐在座位上，看了看手中的车票，写着9:21出发，22:32到达。"这一情景中时间物理量出现的次数较多，车票上标注的9:21、22:32，均属于时刻，而"13 h"则是指的时间间隔。对于时刻和时间间隔是相当容易区分的，最简单的方法就是通过图1-2的数轴展示。时刻代表某个时间点，如第 1 s，第 4 s，第 2 s 末，第 4 s 初……有明显"点"的痕迹。而时间间隔则代表数轴上的一段距离，如前 2 s，后 3 s，2 s 内……都有很明显"段"的标志。

相关知识五

位置表示物体在空间坐标的点，而位移表示物体位置的变化，用从初始位置指向末位置的有向线段表示。位移是矢量，有向线段的长度表示位移的大小，有向线段的方向表示位移的方向。位移的大小和方向只由始末位置决定，与物体的实际轨迹无关。

路程是物体运动轨迹的实际长度,其大小与始末位置、具体路径有关。一般情况下路程大于位移的大小,只有物体做单向直线运动时,位移的大小才能与路程相同。如图1-3所示,物体由A位置运动到B位置,可以沿三条路径AB、AMB、ANB运动,这三条路径位移的大小和方向都是相同的,但是路程不同,只有物体沿AB方向运动,路程和位移的大小才相等。位移是矢量,而路程是标量,只有大小,没有方向。

▲ 图1-3

情景问题分析

"重庆到上海的直线距离约1400 km,但却要13 h多才能到达。"这一情景中,重庆到上海直线的距离大约为1400 km,以高铁的速度,不可能需要13 h多才能到达,那么究竟是什么原因呢?这就是位移和路程两个物理量的区别。重庆到上海的直线距离,指的是两个点间直接连接起来,不考虑中间路径,只跟初末位置有关系,这其实就是位移的概念,其大小与路径无关,方向由起点指向终点。而列车不可能是直接从重庆沿直线开到上海,会经过蜿蜒的铁路,穿过隧道,跨过河流,才能抵达上海。因此我们不难分析出位移和路程的区别与联系。另外路程的大小一定是大于或等于位移的大小,两点之间直线段最短,这是大家都明白的道理。

自我认识

1.下列情况中的物体,哪几个可以看作质点(　　　)。

A.人造卫星,在研究它绕地球转动时

B.足球,在研究足球射门的最佳路线时

C.汽车后轮,在研究牵引力的来源时

D.地球,在自转时研究赤道上一点的速度

2.下列关于参考系的说法中正确的是(　　　)。

A.参考系的选取是任意的

B.将某物体选为参考系时,该物体假定为不动

C.参考系不同,物体的运动情况可能不同

D.一般选取地面或者做匀速运动的物体作为参考系

3.氢气球升到离地面20 m高空时从气球中掉落一物体,物体又上升了5 m高后开始下落。请你建立一个坐标系来表示物体的位置变化。

4.某人站在楼房顶层从O点竖直向上抛出一个小球,上升的最大高度为20 m,然后落回到抛出点O下方25 m的B点,则小球在这一运动过程中通过的路程和位移分别为多少(规定竖直向上为正方向)(　　)。

A.25 m,25 m　　　B.65 m,25 m　　　C.25 m,−25 m　　　D.65 m,−25 m

5.如图1-4所示,一个质点沿两个半径为R的半圆弧由A点运动到C点,则它的位移和路程分别为(　　)。

A.$4R$,$2\pi R$　　　B.$4R$向东,$2\pi R$向东

C.$4\pi R$向东,$4R$　　　D.$4R$向东,$2\pi R$

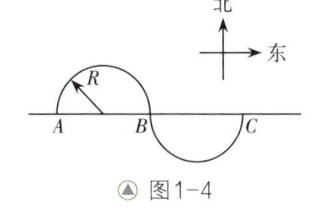

▲图1-4

疯狂物理的进阶思考

本讲着重体现了理想化模型的思维,这是初中与高中衔接过程思维的第一个转变。理想模型是为了便于研究而建立的一种高度抽象的理想客体。当我们从某种角度对某一物体进行研究时,有许多属性对研究问题没有直接关系,因而是可以忽略不计的。微观世界中的基本粒子可看作质点,宇宙中的那些恒星、行星等各种天体也可以看作质点。

作为科学抽象的结果,理想模型广泛应用在各门科学中。例如,数学上不占有任何空间的"点",没有粗细的"线",没有厚度的"面";物理学中所研究的"理想单摆",忽略分子本身体积和分子间作用力的"理想气体",不考虑其大小的"点电荷"等。在自然科学的研究中,建立理想模型十分重要。由于客观事物具有物质的多样性,它们的运动规律往往是复杂的,引入理想模型,可以大大简化问题,便于人们去认识、理解和运用它们。

理想化模型法思维方式中,我们大致将模型分为对象模型、条件模型和过程模型三类。对象模型是用来代替研究对象实体的理想化模型,如质点、点电荷、点光源、光线等。条件模型是把研究对象所处的外部条件理想化建立的模型,如光滑斜面、轻杆、轻绳等。物理过程实际上往往由多因素共同作用,忽略次要因素的作用,只考虑主要因素引起的变化过程叫作过程模型。

第2讲

快与慢的判断
——谈位移、速度与时间的关系图像

身临其境

阿中与小西乘坐同一班次的列车（图2-1），与小西不同的是，阿中毫无困意，因为阿中是第一次坐高铁，难免有些兴奋。他观察到一个有趣的现象，列车车厢前部有一块显示屏，显示屏显示着高铁运行的速度，330 km/h，过了一会儿，又变成了348 km/h。"怎么显示的速度不一样呢？"阿中心里这样想道。他拿出手机搜索复兴号列车运行速度，网上显示，复兴号列车组平均速度可达350 km/h。"这里怎么又不一样呢？"阿中陷入了新的思考中。他想起在学校唐老师讲过，不能光想不写，运动问题一定要画图！于是他拿出随身携带的纸和笔，在草稿纸上演算起来。

▲ 图2-1

知识对接

✓ **速度**：速度在初、高中物理中都是一个反映运动快慢的物理量。高中强调速度为矢量，要考虑大小、方向，等于位移x跟发生这段位移所用时间t的比值。初中阶段把物体在一段时间内通过的路程与通过这段时间所用时间的比值定义为速度，只强调大小，不强调方向，也就是高中阶段的速率。

✓ **匀速直线运动**：概念上都是物体运动速度保持不变的直线运动。高中更强调大小和方向都没发生变化。

✓ **运动图像**：位移是在初中"路程"这个概念的基础上引入的，它描述的是物体

(高中研究时简化为质点)的位置变化。高中阶段在认识初中阶段的路程-时间图像后,递进发展了位移-时间图像。速度-时间图像在初、高中并没有很大差别,只不过高中更强调速度为矢量。

初级思考

相关知识一

物体在一段时间内通过的路程与通过这段时间所用时间的比值为速度。

情景问题分析

"他拿出手机搜索复兴号列车运行速度,网上显示,复兴号列车组平均速度可达350 km/h。"在此情景中复兴号列车的平均速度的计算其实就是复兴号通过的路程和通过这段路程所用的时间的比值,也就是利用公式 $v=\dfrac{s}{t}$。

相关知识二

为进一步帮助学生理解速度的概念,一般借助图像建立物理量之间的联系,比如路程与时间的关系图像。在直角坐标系上,以纵坐标表示物体的路程 s,横坐标表示时间 t,这就是描述运动物体路程和时间关系的图像,简称 s-t 图。在 s-t 图像中,纵坐标表示物体运动的路程,横坐标表示物体的运动时间。如图2-2所示是一条平行于时间轴的直线,则表示该物体静止。如图2-3所示是一条倾斜直线,则表示物体在做匀速直线运动。

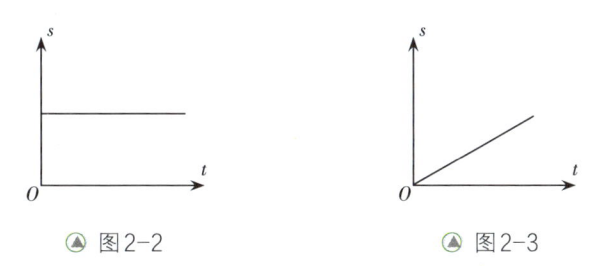

图2-2

图2-3

情景问题分析

阿中注意到了高铁运行过程中的速度问题,那么有关路程与时间的关系该怎样分析呢?阿中设计了一个实验。研究一辆卡车在平直公路上的运动情况,可在公路旁

每隔50 m站一名拿着秒表的观测者,分别记下卡车到达每个观测者的时间t。测量结果如下表所示:

路程s/m	0	50	100	150	200
时间t/s	0	4.9	10.0	15.1	19.9

根据数据可以看出各个路程段所用的时间,但是要想清楚分析出卡车运动情况以及速度变化情况并不是很方便,所以就可以采用描点法将路程和时间关系在坐标系中反映出来,也就是画出路程与时间的关系图像。

例:图2-4是某物体做直线运动时的路程随时间变化的图像,由图像判断下列说法错误的是( )

A. 15 s时,物体通过的路程为30 m
B. 物体只在5~10 s内做匀速直线运动
C. 整个20 s时间内,物体的平均速度为2 m/s
D. 物体在0~5 s时间内的速度比10~20 s内的速度大

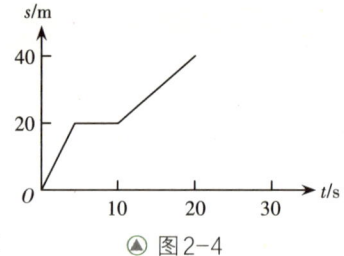

▲ 图2-4

解析:在这个s-t图像中,15 s时对应的路程是30 m,所以A选项正确。5~10 s随时间的变化s并没有发生变化,所以5~10 s物体保持静止,因此B选项错误。在整个20 s的时间里,路程为40 m,平均速度的算法是路程除以时间,所以C选项正确。0~5 s内路程为20 m,时间为5 s,所以速度为4 m/s,而10~20 s内路程为20 m,时间为10 s,所以速度为2 m/s,所以物体在0~5 s时间内的速度比10~20 s内的速度大,所以D选项正确。

相关知识三

在直角坐标系中,若以纵坐标表示速度,横坐标表示时间,则可表述运动物体的速度与时间的关系,此图像叫作速度-时间图像。如果图像是一条与时间轴平行的直线,则表示物体速度不变,如果图像是一条倾斜的直线,则表示物体速度在发生变化。

情景问题分析

"显示屏显示着高铁运行的速度,330 km/h,过了一会儿,又变成了348 km/h。"在这一情景中通过数字也可以看出速度在发生变化。为了让速度与时间的关系更加清晰,就需要借助速度-时间图像。如图2-5所示就是随时间变化,速度一直在增大,所以物体做的是加速直线运动。

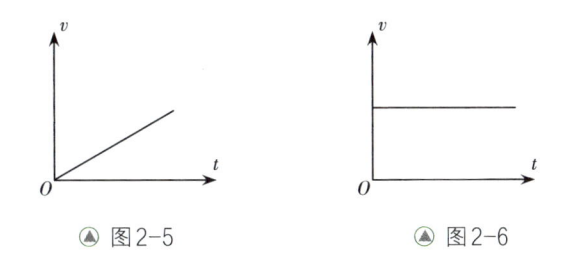

▲ 图2-5　　　　　　　▲ 图2-6

相关知识四

匀速直线运动是指速度大小和方向都恒定的运动。根据匀速直线运动的定义和速度的定义可知，匀速直线运动的平均速度、平均速率、瞬时速度、瞬时速率其大小都是一样的。如图2-6所示速度随时间并没有发生变化，所以此物体做的是匀速直线运动。

情景问题分析

以上情景中高铁的运动显然不是匀速直线运动，匀速直线运动在生活中也是一种比较理想化的情景，因此主要用在物理模型的分析中。假设高铁沿直线运动，速度大小不变，这种情况属于匀速直线运动。但列车一旦转弯，就算速度大小不变，但方向改变了，也不再是匀速直线运动了。

自我认识

1．"频闪摄影"是研究物体运动时常用的一种实验方法。如图2-7所示，甲、乙两图是同一辆玩具小车两次不同运动的频闪照片，频闪灯的闪光时间间隔为1 s。根据照片记录的小车位置，回答下列问题：

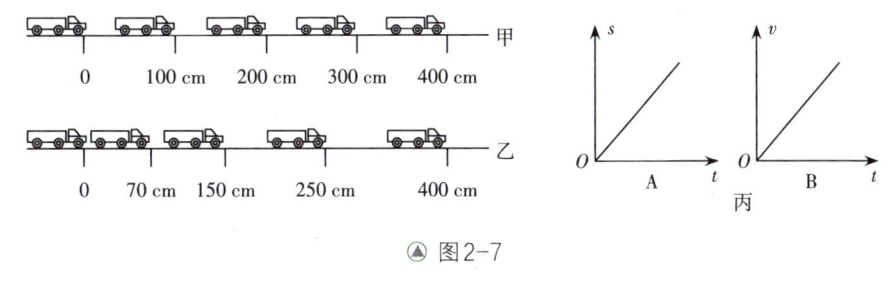

▲ 图2-7

（1）甲图中小车做_____直线运动，乙图中小车做_____直线运动；

（2）甲、乙两图中小车从开始运动到300 cm处的平均速度$v_甲$_____$v_乙$（填">""<"或"="）；

（3）物体的运动情况常常可以用图像来描述，图丙中能反映甲图小车运动情况的是_____(填"A"或"B")。

2.甲、乙两车在某一平直公路上,从同一地点同时向东运动,它们的 s-t 图像如图2-8所示。则下列判断错误的是(　　)。

A.甲、乙都在做匀速直线运动

B.甲的速度小于乙的速度

C.若以乙为参照物,甲往东运动

D.经过 4 s,甲乙相距 8 m

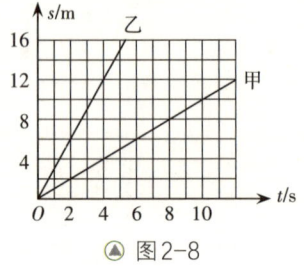

▲ 图2-8

高级思考

相关知识一

在直角坐标系中,以纵坐标表示质点的位移 x,横坐标表示时间 t,得到描述运动物体位移和时间关系的函数图像,叫作位移-时间图像,简称 x-t 图。在 x-t 图像中,纵坐标表示物体运动的位移,箭头所指的方向为正方向,横坐标表示物体的运动时间,因时间不会是负值,所以箭头表示时间的流逝,时间轴的负值无实际意义。如果图像是一条平行于时间轴的直线,则表示该物体静止;如果图像是一条倾斜直线,则表示物体在做匀速直线运动,因为纵坐标表示的位移 x 是矢量,所以图像如果向上倾斜表示物体沿正方向运动,图像向下倾斜表示物体沿负方向运动。

理解图像,要从以下几个方面进行:

1.图像表示的是哪些物理量之间的关系?

2.物理量之间是什么关系?

3.图像的横截距和纵截距分别表示什么意义?

4.坐标图像中各轴代表的物理量是不是矢量,正负各表示什么意义?

5.图像的斜率表示什么意义?

6.图像围成的面积表示什么意义?

7.图像是不是运动物体的运动轨迹?

情景问题分析

"不能光想不写,运动问题一定要画图!于是他拿出随身携带的纸和笔,在草稿纸上演算起来。"解决物体的运动问题,最直观的方法就是作图,无论是位移-时间图像还是速度-时间图像。阿中设计的实验如果放到高中来解决:如研究一辆卡车和一辆小汽车在平直公路上的运动情况,可在公路旁每隔50 m站两名拿着秒表的观测者,分别记下卡车和小汽车到达每个观测者的时间t_1和t_2。测量结果如下表所示。

位移 x/m	0	50	100	150	200
时间 t_1/s	0	4.9	10.0	15.1	19.9
时间 t_2/s	5.0	7.4	10.0	12.4	15.0

解析:在直角坐标系中,用纵轴表示位移x,用横轴表示时间t,根据题中卡车和小汽车运动的数据,描出各坐标点,依次连接各点就得到卡车A和小汽车B的位移图像,如图2-9所示。由图可知:卡车A和小汽车B的位移图像各是一条直线,可见卡车和小汽车都做匀速直线运动。发生200 m位移,卡车A所用时间是19.9 s,小汽车B所用时间是10 s。在误差允许范围内,卡车每秒的位移是10 m,小汽车每秒的位移是20 m。问题一下子就得到了解决。同样的,如果阿中真的要研究高铁的运动情况,也可以做出位移-时间图像来分析。

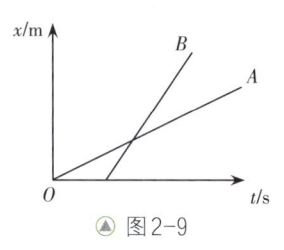

▲ 图2-9

相关知识二

速度等于位移x跟发生这段位移所用时间t的比值,它表示运动快慢的物理量。速度是矢量,其方向与位移方向一致,而速率表示速度的大小,表示单位时间内通过的路程,只有大小,不能体现方向。

用比值关系来定义物理量,是物理学中重要的方式之一,而且是经常使用的表示方法。用这种方法定义的速度,无论物体做什么运动均是适用的。

平均速度指物体做变速运动时,用位移与所用时间的比值表示平均速度$\bar{v}=\dfrac{\Delta x}{\Delta t}$。对于做变速直线运动的物体来说,取不同的时间段或不同的位移段,计算出来的平均速度可能是不同的,故要计算平均速度,必须指明对应的是哪段时间或哪段位移。

平均速率表示运动物体经过的路程与所用时间的比值,即平均速率=$\dfrac{路程}{时间}$。只有在单方向的直线运动中,位移的大小与路程相等,也只有在此情况下,平均速度的大小才与平均速率相等。平均速度公式$\bar{v}=\dfrac{\Delta x}{\Delta t}$中的$\Delta t$取值越小,那么平均速度就越接近某时刻的速度,当 Δt 取值极小时(微元法思想),我们就把 $\dfrac{\Delta x}{\Delta t}$ 称作物体在时刻 t 的瞬时速度,用公式表示为 $\lim\limits_{\Delta t \to 0}\dfrac{\Delta x}{\Delta t}=v$。瞬时速度与一个时刻或一个位置相对应,故说瞬时速度时必须指明是哪个时刻或通过哪个位置时的瞬时速度。在匀速直线运动中,平均速度与瞬时速度相等。与此对应的还有瞬时速率,在时间间隔无限趋近于零的情况下,路程与所用时间的比值叫作瞬时速率。无论物体做什么运动,在时间间隔无限趋近于零时,其位移与路程已无法再分开,故瞬时速率就等于瞬时速度的大小,无论物体做什么运动均成立。

情景问题分析

"列车车厢前部有一块显示屏,显示屏显示着高铁运行的速度,330 km/h,过了一会儿,又变成了348 km/h。'怎么显示的速度不一样呢?'阿中心里这样想道。他拿出手机搜索复兴号列车运行速度,网上显示,复兴号列车组平均速度可达350 km/h。"为何显示的速度不一样,其实跟速度的这几个相关概念有关。高铁运行中不可能是匀速运动,其速度每时每刻都在发生变化,车厢显示屏上显示的速度一定是该时刻列车的运行速度,即瞬时速度,所以每个时刻的速度不一样,而阿中在网上查到的350 km/h,则是平均速度。

相关知识三

由于匀速直线运动的速度不随时间改变,故匀速直线运动的速度-时间图像应是一条平行于时间轴的直线。在时间轴上方,速度为正值,在时间轴下方,速度为负值。由速度的定义式 $v=\dfrac{s}{t}$ 变形可得 $s=vt$,可知匀速直线运动的速度-时间图像与坐标轴所包围的"面积"即表示运动的位移。(注意:这里是借用了"面积"的概念,单位还是米,而不是平方米)。

在变速直线运动中,如果在相等的时间内速度的改变相等,这种运动就叫作匀变速直线运动。匀变速直线运动的速度-时间图像是一条倾斜的直线,若过原点则说明初速度为0;若不过原点,则图线与速度轴(纵轴)交点即是初速度。若图线往上倾斜则说明是匀加速直线运动;若图线往下倾斜则说明是匀减速直线运动。对于匀减速直线运动来说,图线与时间轴(横轴)的交点,是速度减为0的时刻。

情景问题分析

情景中阿中为了分析高铁的运动情况,除了可以用位移-时间图像来分析之外,也可以用速度-时间图像来直观地观察。

匀变速直线运动的公式多,用v-t图像进行推导和证明,可以知道每个公式的出处,即使记不住,也能自己推导。这里仅以匀加速直线运动中位移公式$s=v_0t+\frac{1}{2}at^2$为例。

利用v-t图像,很容易得出速度图线与时间轴所围成的面积表示物体在某段时间内的位移,如图2-10中的梯形v_0Otb的面积:

$$s=S_{梯形}=\frac{v_0+v_t}{2}t=\frac{v_0+(v_0+at)}{2}t=v_0t+\frac{1}{2}at^2$$

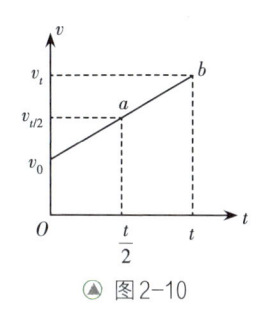

▲ 图2-10

自我认识

1.如图2-11所示,这是一个物体运动的位移图像,请根据图像思考:

(1)本例中,物体在前20 s内运动得慢(每秒通过的位移大小是2 m),在最后10 s内运动得快(每秒通过的位移大小是4 m)。请总结一下,怎样从图像出发来描述物体运动的快慢?

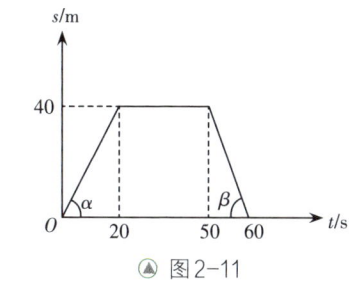

(2)本例中,左侧三角形中α角(图2-11)的正切值与右侧三角形中β角的正切值分别等于多大?这两个角的正切值可以用来表示相应时间内物体运动的快慢吗?

▲ 图2-11

2.如图2-12所示是甲、乙、丙三个物体做直线运动的位移图像,那么,三个物体:

(1)位移的大小关系是_____；

(2)路程的大小关系是_____；

(3)平均速度的大小关系是_____；

(4)平均速率的大小关系是_____。

▲ 图2-12

3.某质点沿半径$R=5$ m的圆形轨道以恒定的速率运动,经过10 s运动了$\frac{1}{2}$圆周,该质点做的是_____速运动(填"匀"或"变");在$\frac{1}{2}$圆周处的瞬时速度的大小为_____m/s;10 s内平均速度大小为_____m/s;质点运动一周的平均速度为_____m/s。

疯狂物理的进阶思考

伽利略就曾表示：自然界是一部打开的书，这部书是用数学语言写成的。没有数学，人们将只能在黑暗的迷雾里劳而无功地游荡。数学与物理学具有极为密切的关系。翻开物理学的发展历史，伽利略、牛顿、库仑、法拉第、高斯、麦克斯韦、爱因斯坦等为物理学做出重大贡献的物理大师们，很多都既是物理学家，也是数学家。从大师们大量的、繁杂的、艰辛的数字运算中，诞生出那些推动物理学发展的具有划时代意义的物理规律，其智慧的光芒让物理学充满了奇特的魅力，推动了着社会的进步与发展。

1.图示与图像法的概念

物理学是一门实验科学，科学必须依靠语言传达信息，因为语言是表达思维的最重要手段和工具。物理学的语言描述有别于其他学科，除文字和符号语言外，物理学中"图"的语言是极为丰富的。

物理学中的"图"可谓是门类齐全：有按数学界定的平面上连续函数的坐标图，有由矢量运算法则衍生出的矢量图，有描述物体运动过程的流程图，有展示用电器连接关系的电路图，有反映光的传播规律的光路图，还有原子核外电子跃迁的能级图，等等。

在众多的"图"中，用途最广的当属坐标图和矢量图。因为，坐标图上的"点""线""斜率""截距"和"面积"等都被赋予了明确的物理含义（即物理量），它们之间的函数关系借助图线展现得淋漓尽致，使寻求某个物理量变得十分容易，而以带有箭头的线段所构成的矢量图，用其长度和箭头表示着物理量的大小和方向，特别在表现各个物理量之间的依存关系上，发挥着独到的作用。在物理学中把用"图"分析和解决物理问题的方法统称为图示与图像法，简而言之，图示与图像法其实就是用图像语言与"图"对话。

2.图示与图像法的特点

可视性是图示与图像法的"专利"。物理学的严谨、科学、抽象往往使学生陷入抽象思维的瓶颈，图示与图像法能使学生观"图"思考，达到眼脑并用之功效，化抽象为具体，变复杂为简单。从这种意义上讲，图解过程是一种视觉思维的过程，它的特点是：形象、直观、简洁。

3.用图示与图像法巧妙解决问题

很多物体如果采用常规的思路去分析,会使自己举步维艰,特别是当我们无法用运算方法求解问题时。而换一个思路,从图像入手,可能不但简洁方便,而且省时,许多难题都会迎刃而解,同学们要学会与图对话。

例:同一直线上的四点 O、A、B、C,AB 间的距离为 l_1,BC 间的距离为 l_2,一物体自 O 点由静止出发,沿此直线做匀加速运动,依次经过 A、B、C 三点,已知物体通过 AB 段与 BC 段所用的时间相等。求 O 与 A 的距离。

解析:按题意将物体运动到 A、B、C 时的速度及通过 OA、AB、BC 的时间标注在流程图中,并画出 v-t 图像,如图 2-13 所示。

由 v-t 图像知 O 与 A 的距离是 $S_{OA} = S_{OB} - l_1$

三角形 Oab 的"面积"是 $S_{OB} = \dfrac{1}{2} v_B (t' + t)$

根据:

$$v_B = a(t' + t) = \dfrac{l_1 + l_2}{2t}$$

$$\Delta l = l_2 - l_1 = at^2$$

由以上 4 个关系式联立得:

$$S_{OB} = \dfrac{1}{2} v_B (t' + t) = \dfrac{v_B^2}{2a} = \dfrac{(l_1 + l_2)^2}{8at^2} = \dfrac{(l_1 + l_2)^2}{8(l_2 - l_1)}$$

$$S_{OA} = S_{OB} - l_1 = \dfrac{(l_1 + l_2)^2 - 8(l_2 - l_1)l_1}{8(l_2 - l_1)} = \dfrac{(3l_1 - l_2)^2}{8(l_2 - l_1)}$$

本题可以用多种解法,各种方法都不能回避数学运算,但是图解法却优势明显。

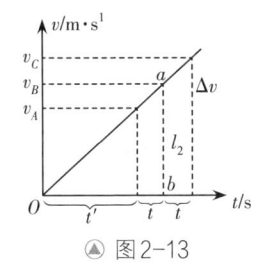

第3讲

让速度再快一点
——谈匀变速直线运动基本概念

身临其境

经过13 h后,终于抵达上海了。在高铁站来接小西的是她的舅舅,老附。老附看到小西疲惫的表情,手一挥说:"走,舅舅带你去吃好吃的!"说着便把小西的行李放上了小轿车后备厢。老附开着车行驶在马路上,得意地给小西显摆:"你舅舅这个车可好了,百公里加速只需要9 s! 推背感可带劲儿了!"小西对这些似乎不感兴趣,只顾着看窗外的风景(图3-1)。老附见小西不说话,又说:"听你爸爸说你物理可好了,那我现在就来考考你。咱们现在速度是80 km/h,前面这条路是直线,距离大概400 m,如果咱们认为发动机的牵引力恒定,并且不考虑阻力的作用,从这里到终点只需要10 s,算算我这个车的加速度怎么样?我觉得我这车太棒了!"小西笑了笑:"这肯定难不倒我,等吃饱了有能量了我就算。"

▲ 图3-1

知识对接

✓ 加速度:在初中阶段主要让学生通过实验来探究速度变化的情况,要求学生能够正确测量路程和时间,一般只是说加速、减速,并未提及匀加速和匀减速的概念。加速度这个概念是高中阶段才引入的,加速度是描述速度变化快慢的物理量。

✓ 匀变速运动:高中物理教材明确指出,匀变速运动是加速度不变的运动。初中阶段并未提及此概念,只是强调速度是否变化。

初级思考

相关知识一

在直线运动中,有的物体运动的速度基本保持不变,这就是匀速直线运动,而有的物体运动的速度时大时小,速度变化的直线运动就是变速直线运动。

情景问题分析

"你舅舅这个车可好了,百公里加速只需要9 s!推背感可带劲儿了!"这一情景中说到了小西舅舅的车百公里加速只需要9 s。初中阶段只是要求设计实验探究速度变化,至于小西舅舅的车加速过程是怎么样的,并没有详细探究,也就是没有涉及匀加速、匀减速的概念。

例:利用频闪照相机,小西同学拍摄的不同物体运动时的频闪照片(黑点表示物体的像),如图3-2所示,其中可能做加速直线运动的是(   )。

▲ 图3-2

解析:解决此类问题需要区分直线运动和非直线运动,频闪照片的拍摄时间间隔是固定的,黑点之间的间隔代表路程。根据选项来看,很明显A、B、C三项都是直线运动,其中A选项物体的像之间的间隔越来越小,所以A是减速运动。B选项物体的像之间的间隔保持不变,可能是匀速直线运动。C选项物体像之间的间隔越来越大,因此是加速直线运动。

自我认识

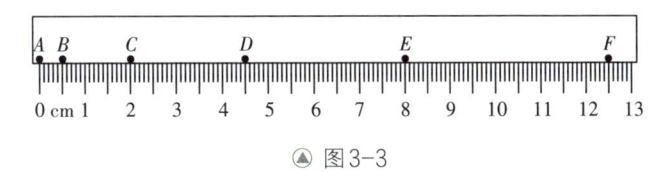

1.如图3-3为一小球从 A 点沿直线运动到 F 点的频闪照片,若频闪照相机每隔0.2 s闪拍一次,分析照片可知:小球从 A 点到 F 点做的是_____(填"匀速"或"变速")直线运动。小球从 D 点到 F 点的平均速度是_____m/s。

▲ 图3-3

2. 一小球以一定的速度从 A 点冲上斜面，用照相机每隔 0.5 s 拍摄一次，记录小球的运动情况，如图 3-4 所示。小球由 A 点冲向 E 点的过程中，速度_____（填"增大""减小"或"不变"）。

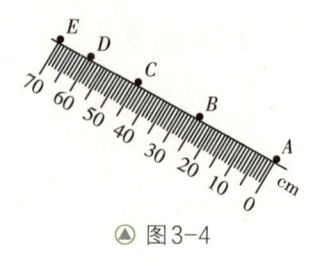

▲ 图 3-4

高级思考

相关知识一

在直线运动中，只有两个可能方向，通常用正、负号表示。如果取初速度为 v_0 的方向为正方向，则对其他相关矢量来说，矢量为正表示方向与 v_0 的方向相同，矢量为负表示方向与 v_0 方向相反。我们定义速度变化量是运动中的末速度与初速度之差，即：

$$\Delta v = v_t - v_0$$

其中，Δv 是矢量，表示物体速度变化的大小和方向。当 Δv 与 v_0 方向相同时速度增大，反之速度减小。例如，篮球以 $v_0 = 5$ m/s 的速度向下撞击地面，反弹的速度是 3 m/s，则末速度 $v_t = -3$ m/s，则 $\Delta v = v_t - v_0 = -8$ m/s，表示在撞击地面过程中，篮球速度向下减小了 8 m/s。

加速度是描述物体速度变化快慢的物理量，它等于速度改变量与所用时间的比值，数值上等于单位时间的速度改变量，加速度是矢量，其方向与 Δv 相同，用公式表示：

$$a = \frac{\Delta v}{t} = \frac{v_t - v_0}{t}$$

式中 v_0 是初速度，v_t 是末速度，t 是所用时间，单位是米每二次方秒，符号为 m/s²。

加速度是反映运动物体速度变化快慢的物理量，与速度的大小并无直接的关系。物体的运动速度很大，加速度也可能为零，例如匀速直线运动，运动速度很小甚至为 0，但加速度可能并不为 0，例如小球用手拿着，刚松手时它开始下落，初速度为 0，但马上速度越来越大，故一定存在加速度。因此对于静止的物体来说，如果有加速度，下一个时刻其速度一定要变化，原来的静止只是瞬时静止；如果没有加速度，则速度不会变化，即为恒定静止了。

情景问题分析

"你舅舅这个车可好了，百公里加速只需要 9 s！推背感可带劲儿了！"这一情景中老附提到"百公里加速"，指的是汽车从静止开始，做加速运动，加速到 100 km/h 所需要的时间，常常被人们用来衡量一辆车的加速能力。一般来说，百公里加速时间越短，汽车的加速性能越强。加速度在数值上等于单位时间速度的改变量，但是要注意的是，在高中阶段，一定要注意速度和加速度的方向性。老附的汽车百公里加速需要9 s，假设该过程汽车的加速度不变，可以简单计算汽车在该过程中的加速度。Δv=100 km/h≈27.8 m/s，则加速度应该为 $a=\dfrac{\Delta v}{\Delta t}=\dfrac{27.8 \text{ m/s}}{9 \text{ s}}\approx 3 \text{ m/s}^2$。

相关知识二

匀变速直线运动的运动轨迹是直线，且加速度的大小和方向恒定不变。对于初速度为 v_0 的匀变速直线运动，如果 a 与 v_0 同向，物体是匀加速的；如果 a 与 v_0 反向，物体是匀减速的。加速度不是恒定不变的运动称为变加速运动，只要加速度方向与速度方向一致，就是加速运动，速度就会越来越大。因此可能存在加速度越来越小，而速度却越来越大的运动，比如某物体从静止开始，若第一秒内加速度为 5 m/s²，第一秒末的速度应为 5 m/s，第二秒内加速度变为 4 m/s²，第二秒末速度应为 9 m/s，加速度减小了，速度反而增大了。相反，只要加速度方向与速度方向相反，物体就做减速运动，其速度大小就会越来越小，也可能存在加速度越来越大而速度越来越小的减速运动。

在速度-时间图像中加速度对应图线的斜率，斜率的值越大，加速度越大。图线为倾斜直线时，物体做匀变速运动，图线为曲线时，物体做变加速运动，在速度-时间图像中，图线越陡，表示加速度越大。

情景问题分析

情景中未涉及速度-时间图像，但是根据"百公里加速只需要9 s"，可以简单画出该过程的速度-时间图像。图 3-5 中的斜率就表示 $\dfrac{\Delta v}{\Delta t}$，即加速度。若换一辆车，斜率变大，代表该车加速性能更强。

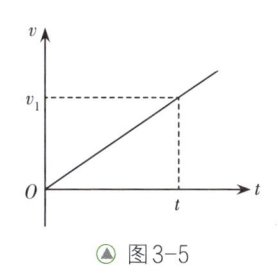

▲ 图 3-5

相关知识三

从速度-时间图像中，我们不难得到匀变速直线运动的速度时间关系：

$$v_t = v_0 + at$$

此公式是由加速度的定义式 $a=\dfrac{\Delta v}{t}=\dfrac{v_t-v_0}{t}$ 推导得出。匀变速直线运动的初速度为0，则 $v_t = at$。同样，利用图像我们可以推导出匀变速直线运动的位移时间关系：

033

$$x = v_0 t + \frac{1}{2} a t^2$$

推导思路如下:假设一物体做匀加速直线运动,初速度为 v_0,我们可以画出如图 3-6 甲所示的速度-时间图像。

我们把物体的整个运动过程分成 5 段,如图 3-6 乙,用每小段的起始时刻的瞬时速度来表示这一小段的平均速度的大小,则每小段的起始时刻的瞬时速度与 $\frac{1}{5}t$ 的乘积,就可以表示这一小段时间内通过的位移,5 段位移之和就表示整个时间段内的总位移,从图中看,其实就是矩形部分的面积,但是误差很大。

为了更精确一些,我们可以将整个过程中的时间等分成更多的小段,如图 3-6 丙。同样的,我们可以看出图中矩形部分的面积也表示物体通过的位移。因为分得更细,所以误差减小不少。可以想象,如果把整个运动过程划分得非常细,那么很多很多的小矩形的面积之和就可以准确地代表物体的位移了,如图 3-6 丁。这时,由于分得太细,小矩形顶端的锯齿形就看不出来了,这些小矩形合起来形成一个梯形 OABC,由上面叙述可以得出,这个梯形的面积就表示物体整个过程中通过的位移。

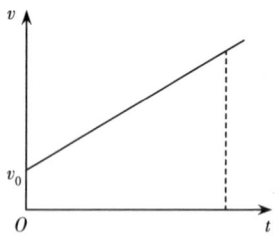

甲 某物体以初速度 v_0 做匀变速直线运动的速度-时间图像

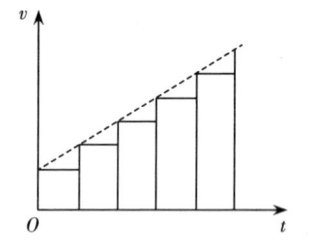

乙 每两个位置间的位移,近似等于以 $\frac{1}{5}t$ 为底,以速度为高的细高矩形的面积;矩形面积之和,可以粗略地表示整个运动过程的位移

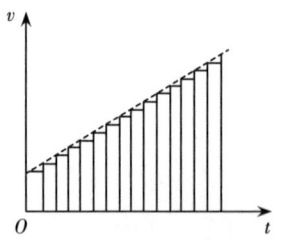

丙 如果各位置的时间间隔小一些,这些矩形面积之和就能比较准确地代表整个运动的位移

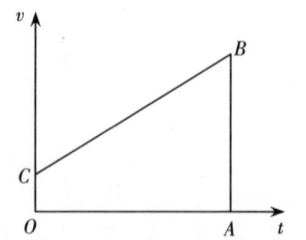

丁 如果时间分得非常细,小矩形就会非常多,它们的面积就等于 CB 斜线下梯形的面积,也就是整个运动的位移

▲ 图 3-6

图3-6丁中,梯形面积是:

$$S=\frac{1}{2}(OC+AB)\times OA$$

把上述计算公式中的各量替换成相应物理量:

$$x=\frac{1}{2}(v_0+v_t)t$$

将$v_t=v_0+at$代入上式,可得:

$$x=v_0t+\frac{1}{2}at^2$$

这就是匀变速直线运动位移与时间的关系公式。如果初速度为0,则$x=\frac{1}{2}at^2$。

情景问题分析

"咱们现在速度是80 km/h,前面这条路是直线,距离大概400 m,如果咱们认为发动机的牵引力恒定,并且不考虑阻力的作用,从这里到终点只需要10 s,算算我这个车的加速度怎么样?"利用匀变速直线运动公式$s=v_0t+\frac{1}{2}at^2$,代入数据就可以计算出加速度。

自我认识

1.关于加速度的概念,下列说法中正确的是(　　)。

A.加速度就是增加的速度　　　　B.加速度反映了速度变化的大小

C.加速度反映了速度变化的快慢　　D.加速度为零,物体的速度必为零

2.某物体沿一条直线运动,其v-t图像如图3-7所示。下列描述正确的是(　　)。

A.第1 s内和第2 s内物体的速度方向相反

B.第1 s内和第2 s内物体的加速度方向相反

C.第3 s内物体的速度方向和加速度方向相反

D.第2 s末物体的加速度为零

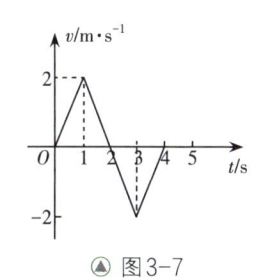

▲ 图3-7

疯狂物理的进阶思考

本讲主要采用的是分割与积累的思维方法。分割与积累思想来源于生产实践,随着科技的发展而发展,给宏观连续变化的问题提供了重要思想方法。本讲推导匀变速直线运动的位移-时间关系就利用了此方法(图3-8)。

▲ 图3-8

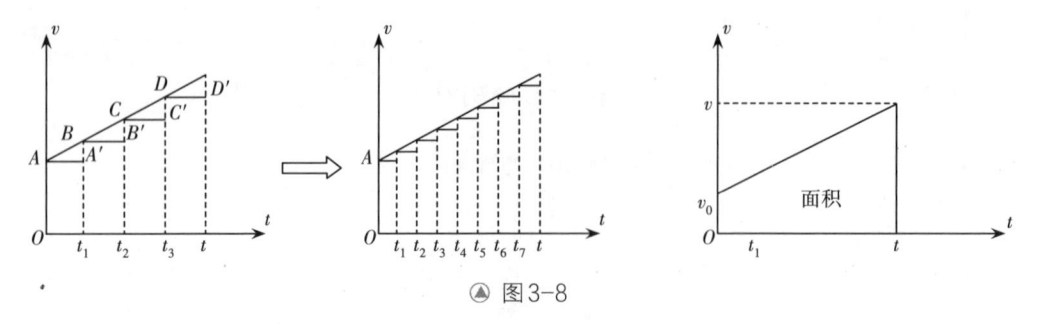

如图3-9所示为一系列完全相同的、间距相等的木块。一颗子弹以700 m/s的速度击穿第一块后,速度变为600 m/s。问这颗子弹能击穿几块同样的木块?设木块对子弹的阻力与子弹速度无关。

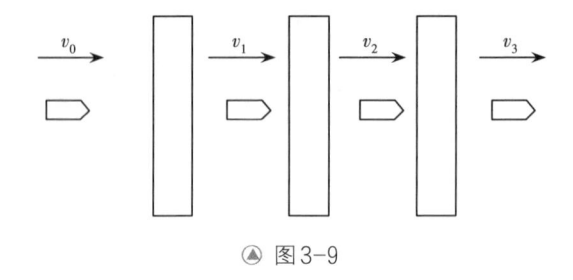

▲ 图3-9

子弹击中第一块木板后,将受到木板阻力f的作用而做匀减速运动,然后穿出第一块木板,击中第二块木板。子弹在穿过第二块木板的过程中将受到相同的阻力,故做加速度相同的匀减速运动,然后穿出第二块木板……直至最后静止。图3-10是子弹飞行的v-t图像。

为了简化分析过程,我们把木板的间距推向极端,假设各木板的间距$d\to0$,即将所有木板靠紧,如同一整块木板一样。

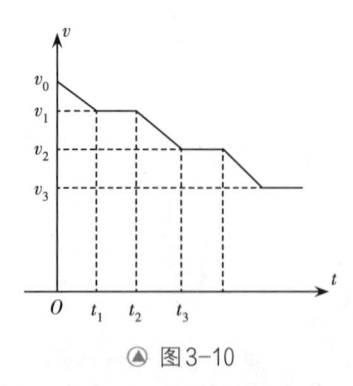

▲ 图3-10

当子弹击中木板后,将受到木板阻力f的作用而做匀减速运动,直至静止,其v-t图像如图3-11所示。在图像上找出子弹穿过各木板所对应的速度v_1,v_2,…,v_n,则图中阴影部分的面积即为第一块、第二块、第三块……木板的厚度,分别为 $s_1, s_2, s_3, \cdots, s_n$,直线与 t 轴所包围的总面积 s 即为子弹所能穿越的木板厚度。设子弹所能穿过木板的总块数为 n,则 $n = \dfrac{s}{s_1}$

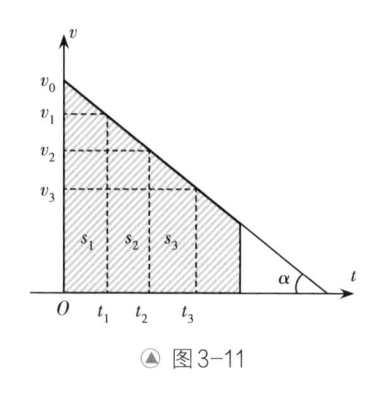

图3-11

其中 $s = \dfrac{v_0^2}{2a} = \dfrac{v_0^2}{2\tan\alpha}$,$s_1 = \dfrac{v_0 + v_1}{2} \cdot \dfrac{v_0 - v_1}{\tan\alpha}$

所以 $n = \dfrac{v_0^2/2\tan\alpha}{(v_0+v_1)(v_0-v_1)/2\tan\alpha} = \dfrac{700^2}{(700+600)(700-600)} \approx 3.7$ 块

结论是子弹能击穿3块木板。

第4讲

万变不离其宗
——谈匀变速直线运动的应用

身临其境

车在一栋居民楼边停下了,原来他们到家了。老附一边帮小西拿东西,一边说:"外面那些餐馆都不靠谱,还是得尝尝你舅妈的手艺!"说着招呼小西跟在他后面。上楼按门铃,开门的是小西的舅妈,"小西

▲ 图4-1

来啦,快进来,饭马上就做好了。"舅妈围着围裙接过行李。"老附,从高铁站到家就2 km,咋开了半小时呢!"舅妈抱怨道,"你这车不是说跑得很快吗?"老附回应:"今天堵车呢,本来只要10 min的路程,结果用了半个小时!"这时,老附的女儿小附走了出来,"姐姐你来啦!快进来"。这时天突然下起雨来(图4-1),雨水顺着屋檐往下滴,一滴,两滴,三滴……小附突然想起什么:"姐姐,我们学校布置了物理作业,让我们观察生活中的匀变速直线运动呢!"小西指了指正在下落的雨滴,说道:"这个不就是吗,来,我来教你。"说着给小附讲了起来……

知识对接

⊘ **平均速度**:初中阶段平均速度的求法,就是根据公式$v=\dfrac{s}{t}$,也就是这段路程和通过这段路程所用总时间的比值,适用于所有运动情况。高中阶段引入匀变速运动过程中平均速度的求法$\bar{v}=\dfrac{v_0+v_t}{2}$。

✅ 变速运动:初中阶段知识定性了解,高中阶段则对加速减速运动进一步研究,讲解匀变速运动的具体应用。

初级思路

相关知识一

若一个物体做变速直线运动,将其运动的一段路程以及通过这段路程所用的时间代入速度计算公式,计算得到的速度就是该物体通过这段路程的平均速度,它可以粗略描述物体在某段路程中的运动快慢。

情景问题分析

"从高铁站到家就 2 km,咋开了半小时呢!"这一情景体现了平均速度的知识。一般情况下,平均速度计算方法为 $\bar{v}=\dfrac{x}{t}$,这个公式对于任意情况均适用。初中阶段的平均速度就是这段路程和这段路程所用总时间的比值。在此情景中总路程是 2 km,总时间是 30 min,所以可以求得平均速度。假设在老附接小西回家的途中,小西下车买零食所用时间 10 min,那么从高铁站到家的总时间就变成 40 min,也就是平均速度会发生改变。

"'姐姐,我们学校布置了物理作业,让我们观察生活中的匀变速直线运动呢!'小西指了指正在下落的雨滴……"在这一情景中提到了生活中的变速直线运动,即正在下落的水滴就可以近似看成匀变速直线运动,虽然初中阶段没有详细讲解,但是一些速度与时间图像也有涉及。如图 4-2 所示,根据图像能够简单判断出随着时间变化,速度越来越快且均匀变化,因此是匀加速直线运动。

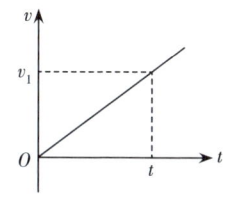

▲ 图4-2 加速直线运动

自我认识

1.小西从舅舅家到公园全程 50 m,通过前一半路程用了 4 s,通过后一半路程用了 6 s,则她在全程中的平均速度为(   )。

A.5 m/s   B.4.17 m/s   C.6.25 m/s   D.10 m/s

2.老附开车沿平直的公路行驶,在 5 min 内行驶了 3 km,中途停车 5 min 后又在 10 min 内行驶了 12 km 到达终点,求:

(1)老附停车前的平均速度;

(2)老附开车全程的平均速度。

高级思路

相关知识一

关于匀变速直线运动的推论特别多,在对运动物体的位移、速度、时间的关系研究中,要注重情景分析,把握原始定义,下面就两个公式推论进行梳理:

平均速度关系式: $\bar{v} = \dfrac{v_0 + v_t}{2}$

推导:

因为匀变速直线运动,有 $x = v_0 t + \dfrac{1}{2} at^2$,且 $x = \bar{v} t$

所以 $\bar{v} = \dfrac{x}{t} = \dfrac{v_0 t + \dfrac{1}{2} at^2}{t} = v_0 + \dfrac{1}{2} at = \dfrac{2v_0 + at}{2} = \dfrac{v_0 + (v_0 + at)}{2} = \dfrac{v_0 + v_t}{2}$

速度位移关系式: $v_t^2 - v_0^2 = 2ax$

由公式 $x = v_0 t + \dfrac{1}{2} at^2$ 和 $v_t = v_0 + at$ 可以推导出速度位移公式,请你也试着推导一下(提示:将两式中的 t 消去即可)。

这两个公式连同上一讲的两个基本公式,可以解决匀变速直线运动的大部分问题。

情景问题分析

"从高铁站到家就 2 km,咋开了半小时呢!"这一情景体现了平均速度的知识。一般情况下,平均速度计算方法为 $\bar{v} = \dfrac{x}{t}$,这个公式对于任意情况均适用。这里我们如果假设老附开车中途某一段过程是匀变速运动,那么根据上面讲的公式,如果知道了老附开车的初速度,以及该过程的末速度,就可以利用推论 $\bar{v} = \dfrac{v_0 + v_t}{2}$,计算出这段过程中的平均速度。另外一个推论, $v_t^2 - v_0^2 = 2ax$,通常用于不清楚运动时间,只知道初末速度的情况。

相关知识二

对于初速度为0的匀加速直线运动,推理证明出了如下五个推论:

(1)初速度为0的匀加速直线运动前1 s内,前2 s内,……,前n s内位移比为:

$x_1:x_2:\cdots:x_n=1:4:\cdots:n^2$(可用$x=\frac{1}{2}at^2$公式直接证明)。

(2)初速度为0的匀加速直线运动第1 s内,第2 s内,……,第N s内位移之比为:

$x_1:x_2:\cdots:x_N=1:3:\cdots:(2N-1)$(可用$x_N=x_n-x_{n-1}=\frac{1}{2}a(nt)^2-\frac{1}{2}a[(n-1)t]^2$推导证明)。

(3)初速度为0的匀加速直线运动在第1 m末,第2 m末,……,第N m末瞬时速度之比为:$v_1:v_2:\cdots:v_N=1:\sqrt{2}:\cdots:\sqrt{N}$[可用$v_N^2=2a(Nx_0)$直接证明]。

(4)初速度为0的匀加速直线运动在第1 s末,第2 s末,……,第N s末瞬时速度之比为:$v_1:v_2:\cdots:v_N=1:2:\cdots:N$。

(5)初速度为0的匀加速直线运动在第1 m内,第2 m内,……,第N m内所用时间之比为:$t_1:t_2:\cdots:t_N=1:(\sqrt{2}-1):\cdots:(\sqrt{N}-\sqrt{N-1})$。

以上各个比值关系成立的前提条件是初速度为零的匀加速直线运动,但是时间间隔不一定非要1 s,距离间隔也不一定非要1 m,只要是相等的时间间隔或者相同的距离间隔即可。除了结论本身很重要之外,分析思路也很重要。

情景问题分析

"雨水顺着屋檐往下滴,一滴,两滴,三滴",雨水下落也是一种典型的匀变速直线运动的模型,还是一类很特殊的模型,在后面会讲到。雨滴下落可以很好地利用匀变速直线运动的一些重要比值关系,因为雨滴从屋檐上掉落,其初速度为零。想要研究雨滴下落过程中的前1 s,前2 s内,前3 s内,……,前n s内位移之比,就可以直接利用推论:$s_1:s_2:s_3:\cdots:s_n=1:2^2:3^2:\cdots:n^2$,推导过程也比较方便,这里就不再介绍了。

相关知识三

最后,我们来看看匀变速直线运动的另外一些特殊规律:

(1)对于一段匀变速直线运动,时间中点的瞬时速度等于全程的平均速度,即

$$v=\frac{v_0+v_t}{2}$$

推导过程：

整个过程中，t 时刻的速度 $v_t = v_0 + at$

中间时刻 $\dfrac{t}{2}$ 的速度为 $v_{\frac{t}{2}} = v_0 + \dfrac{1}{2}at = \dfrac{2v_0 + at}{2} = \dfrac{v_0 + v_t}{2}$

(2) 一段匀变速直线运动，位移中点的瞬时速度等于初速度、末速度平方和一半的平方根，即

$$v = \sqrt{\dfrac{v_0^2 + v_t^2}{2}}$$

推导过程：

整个过程中，$v_t^2 - v_0^2 = 2ax$

位移中点时，$v^2 - v_0^2 = 2a\dfrac{x}{2} = ax$

两式联立消去 x 即可。

对于任意一段匀变速直线运动来说，位移中点的瞬时速度总是要大于时间中点瞬时速度的(可以通过速度-时间图像分析)。

(3) 匀变速直线运动中，任意相邻的两段相等时间间隔内的位移差，等于其加速度与时间间隔平方的乘积，即：

$$x_n - x_{n-1} = at^2 \ (\Delta x = at^2)$$

推导：

假设现在有相邻两个时间段，均是 t，第一段的初速度为 v，则 $x_{n-1} = vt + \dfrac{1}{2}at^2$，$x_n = (v+at)t + \dfrac{1}{2}at^2$，两式相减即可。

以上三条特殊规律，并不要求初速度为零，而且无论是匀加速直线运动还是匀减速直线运动均成立。

例：做匀加速直线运动的物体，从某时刻起开始计时，在第 3 s 内和第 4 s 内的位移分别是 21 m 和 27 m，求加速度和"开始计时"时的速度。

解析：本题条件简单，运动规律明确，可从不同的角度，运用不同的方法解题。

解法一：根据匀变速运动的位移公式求解。设加速度为 a，初速度为 v_0，从该时刻起，前 2 s、前 3 s、前 4 s 的位移分别为 x_2, x_3, x_4，则

$$x_2 = 2v_0 + \dfrac{1}{2}a \times 2^2$$

$$x_3 = 3v_0 + \frac{1}{2}a \times 3^2$$

$$x_4 = 4v_0 + \frac{1}{2}a \times 4^2$$

第 3 s 内的位移：$\Delta x_3 = x_3 - x_2 = v_0 + 2.5a = 21$ ①

第 4 s 内的位移：$\Delta x_4 = x_4 - x_3 = v_0 + 3.5a = 27$ ②

由方程①、②解得：$a = 6 \text{ m/s}^2, v_0 = 6 \text{ m/s}$

解法二：根据匀变速运动的速度公式：

$$v_2 = v_0 + 2a$$

$$v_3 = v_0 + 3a$$

$$v_4 = v_0 + 4a$$

第 3 s 内的平均速度：$\bar{v}_3 = \dfrac{v_2 + v_3}{2} = v_0 + 2.5a$

第 4 s 内的平均速度：$\bar{v}_4 = \dfrac{v_3 + v_4}{2} = v_0 + 3.5a$

第 3 s 内和第 4 s 内的位移与各秒内的平均速度有下列关系：

$\Delta x_3 = \bar{v}_3 \times 1$ 即 $v_0 + 2.5a = 21$ ①

$\Delta x_4 = \bar{v}_4 \times 1$ 即 $v_0 + 3.5a = 27$ ②

方程①、②与前相同，故答案一样。

解法三：运用推论"匀变速直线运动某段时间的中间时刻的瞬时速度等于该段时间内的平均速度"求解。

由 $v_{2.5} = v_0 + 2.5a = \bar{v}_3$ 和 $\bar{v}_3 \times 1 = 21$

得 $v_0 + 2.5a = 21$ ①

$v_0 + 3.5a = 27$ ②

方程①、②和解法一、二相同，故答案一样。

这一讲公式较多，同一个物理量在不同公式中都存在，而且公式选择不当会导致解题烦琐，甚至解不出答案。如何选择正确物理公式来解题？这就需要多比较、多思考，进行一题多解。

自我认识

1.城区交通规定：卡车在市区行驶的速度不得超过 40 km/h。一辆飞驰的卡车在危急情况下紧急刹车，经 1.5 s 停止。交警量得这一过程中车轮在路面上擦过的痕迹长 9 m，据此能否判断这辆卡车是否超速违章？设卡车从刹车开始至停止做匀变速运动。

2.某质点从静止开始做直线运动，第 1 s 内以加速度 1 m/s² 运动，第 2 s 内加速度为 -1 m/s²，如此反复下去，求：该质点在 100 s 内通过的总位移是多少？

3.火车原以 5 m/s 的速度行驶，第 1 节车厢前端经过站立在站台上的旅客处时，开始加速，加速度为 2 m/s²，已知第 1 节车厢经过此旅客用 2 s，问第 5 节车厢经过此旅客将用多少时间？

疯狂物理的进阶思考

本讲主要用到的物理方法是演绎法。那么什么是演绎法呢？演绎是从一般到个别的推理方法。作为出发点的一般性判断称为"大前提"，作为演绎中介的判断称为"小前提"，把由"大前提"和"小前提"推演出来的结果称为演绎的结论。演绎推理的主要形式就是由大前提、小前提、结论组成的"三段论"。

法国的动物学家居维叶的一个顽皮学生曾装扮成一个怪兽去吓唬午睡的老师。居维叶被吵醒后，睡眼惺忪中看到一只"怪兽"，正在把有角的头以及两只蹄子伸进卧室窗口，还不时发出怪叫声，一副张牙舞爪的样子。居维叶定睛一看，然后又满不在乎地继续入睡了。那个装成怪兽的学生很惊奇：老师并不知道我在恶作剧，可他为什么不怕呢？带着这个问题，他请教了老师。居维叶说："有蹄有角的动物都是只吃植物不吃动物的，我才不怕呢！"实际上，居维叶在观察"怪兽"时，心中已进行了演绎推理，已完成了两个"三段论"：

(1)大前提：凡有蹄有角的动物是不吃人(非肉食)的动物。

小前提：我见到的是有蹄有角的动物。

结论：我遇见的动物是不吃人的。

(2)大前提：不吃人的动物不必害怕。

小前提：我见到的是不吃人的动物。

结论：我不必害怕。

接着我们来看看演绎法在科学认识中的作用。

(1)演绎推理是逻辑证明的工具。

如果选择确实可靠的命题作为大前提，经过合乎逻辑的推理，得到的结论就一定是正确的。因此,演绎推理是一种必然性的推理,这个特点在几何学中表现得极为突出。

世界上出现最早,结构最严整的理论体系,要算欧氏几何学了。而欧氏几何学的全套理论体系,就是从很少的几个几何公理出发,用演绎方法建立起来的。当然,就平面几何知识的根本来源而言,是古代人们对丈量土地实践经验的归纳,但平面几何之所以在科学史占有独特的地位,就是它没有满足于用归纳法把经验概括为几何学公理,而是以此为起点,用演绎法构筑一套严谨的理论体系。爱因斯坦曾多次谈到,在他12岁时,得到一本欧氏几何学,这个几何学理论的严格、明晰和可靠性给了他"难以形容的印象"。他表示,他由此产生的激动成为引导他决意献身科学的一个契机。爱因斯坦甚至认为,如果一个人初次接触到欧氏几何学而不曾为它的严密的逻辑性所感动的话,那他是不会成为一个出色的理论科学家的。

演绎法对数学是如此重要,对物理学也不例外,物理学必须以某些基本概念和基本假设为自己的基础,使用演绎法,把有关的知识系统化。科学越是理论化、系统化,也就越是需要使用演绎法。爱因斯坦曾经指出,适合于科学幼年时代的以归纳为主的方法,正在让位于探索性的演绎法。事实上,爱因斯坦的狭义相对论就是以两个基本假设(相对性原理和光速不变原理)为基础,通过演绎法建立起来的。

(2)演绎推理是进行科学预见的一种方法。

把一般性的原理运用到具体场合,得到正确的推论,就是科学预见。由于科学理论是已被实践证明了的真理,由此得到的推论就是有科学根据的,我们方能称之为科学预见。

(3)演绎推理是发展假说和理论的一个必要环节。

根据已有知识,人们对所研究的事物或现象作出初步的解释,这就是假说。假说有一个发展过程,大体上可分为三步:①提出假说;②由假说推出一些结论;③用实验验证这些结论。在上述假说发展的第二步中,就要用到演绎推理。如果演绎推理得出的结论与实践相符,就证明了假说的正确性,假说就可逐步发展成为科学理论;若与实践不符,则可发现包括在演绎大前提中的谬误或不足,才有可能进一步修正或发展假说。上述这种演绎方法称为"假说演绎"。历史上泊松亮斑的发现与菲涅耳理论的证实就是利用了这一点。

第5讲

相遇、相识、相知
——谈物体间的作用

身临其境

阿中自己一个人在房间玩,看到橱窗里摆放了一个木制蜻蜓玩具(图5-1),他把这个木制蜻蜓的"嘴"挂在手指上,竟然不会掉下来,真是有趣!阿中走到餐桌旁,不小心将一个矿泉水瓶碰落到地上。阿中放下玩具,拾起瓶子放到桌子上,他推了一下瓶子的底部,瓶子往前滑动。他又用大小差不多的力推了一下瓶子上半部分,瓶子就翻倒掉到地上了。阿中觉得很奇怪,明明用的是大小差不多的力推瓶子,怎么推瓶子底部,瓶子可以滑动,推瓶子上半部分,瓶子就翻倒掉地上了呢?而且明明是水平方向上推瓶子,瓶子为什么会下落呢?阿中觉得自己非常厉害,居然提出了类似牛顿当年提出的问题:苹果为什么会下落?可是到底怎么样才能解决这个问题呢?阿中想着怎么样去设计一个实验来证明,如果成功了,别的同学指不定多羡慕他呢!阿中越想越开心……

▲ 图5-1

知识对接

☑ 力:关于力的概念以及力的三要素,初、高中阶段并没有很大差别。初中阶段重点让学生观察生活中与力有关的现象,归纳总结出力的基本概念,并乐于探究力现象,真正让学生熟悉力,同时掌握力的示意图。而高中则需要画力的图示,并利用力的示意图对物体进行较复杂的受力分析。

✅ 重力：初中阶段讲了重力产生的原因，重力的大小、方向以及重心。高中阶段则引入万有引力，重力不等同于引力，两者之间是有差别的。高中同时加强了"重心"的应用。

初级思考

相关知识一

物理学发展过程中，物理学家从大量与力有关的自然、生活、生产现象中归纳、概括出来力的概念。通常将物体之间的推、拉、举、压、排斥、吸引等都叫作物体之间的作用。一个物体对另一个物体的作用，我们就说一个物体对另一个物体施加了力。凡是力就会涉及两个物体，一个施力物体，一个受力物体。力的作用是相互的，甲对乙物体施加力的时候，乙对甲也会有力的作用。常见的测量力的工具叫作弹簧测力计，力的单位是牛顿，简称牛，用符号N表示。

情景问题分析

"他推了一下瓶子的底部，瓶子往前滑动。"在这一情景中阿中推瓶子，这个过程中一个物体作用于另一个物体，其实就是力的作用。例如小西踢足球，小南拉绳子，这些情景中有力现象。小西脚踢足球用了力，小南拉绳子用了力，都是物体作用于物体也就是有力的作用。其中我们把阿中、小西、小南这些施加力的物体叫作施力物体，瓶子、足球、绳子这些受到力的物体叫作受力物体。初中阶段需要学生从大量生活中的例子来感受力的作用。

在以上情景中阿中给瓶子施加了力的作用，与此同时瓶子也会给阿中施加力的作用。再如，把书包提起来的时候，手对书包有一个向上的拉力，同时感觉书包也在向下拉你的手。因此力的作用是相互的，我们把手对书包向上的拉力和书包对手向下的拉力叫作一对相互作用力。

阿中给瓶子施加了推力，瓶子滑动了，也就是力可以改变物体的运动状态，物体速度的大小、方向发生变化，都叫作运动状态发生变化。反过来，瓶子由原来的静止状态变成了滑动，运动状态发生了变化，我们就说物体一定受到了力的作用。

相关知识二

影响力的作用效果的因素是力的大小、方向、作用点,在物理学中把它们叫作力的三要素。人们常在受力物体上沿力的方向画一条带箭头的线段,并标出力的作用点,表示物体在这个方向上所受到的力,这种叫作力的示意图,力的示意图要标出力的大小,这样标注后,一根带箭头的线段就把力的三要素都表现出来了。如图5-2表示对物体施加一个水平向右大小为10 N的拉力。

▲ 图5-2

情景问题分析

"阿中觉得很奇怪,明明用的是大小差不多的力推瓶子,怎么推瓶子底部,瓶子可以滑动,推瓶子上半部分,瓶子就翻倒掉地上了呢?"这一情景中阿中第一次推瓶子的下端,瓶子滑动了,第二次阿中推瓶子的上半部分,瓶子就翻倒了。两次实验阿中所用力的大小几乎是一样的,方向也是一样的,而实验结果却大不相同。其实,通过对比不难发现,两次实验施加力的地方是不一样的,也就是力的作用点是不同的。

相关知识三

重力是地球对物体的引力,它是由地球的吸引而产生的。重力通常用字母G来表示。重力的施力物体是地球,方向是竖直向下。

物体所受重力的大小简称物重,大小可用公式$G=mg$计算,通常取$g=10$ N/kg,表示质量为1 kg的物体受到的重力大小约为10 N。用弹簧测力计可以测出物体重力大小,把物体挂在竖直放置的弹簧测力计的挂钩上,当物体静止时,物体对测力计的拉力就等于物体受到的重力。

一个物体的各部分都受到重力的作用,从效果上看,我们可以认为各部分所受重力的作用都集中于一点,这一点叫作物体的重心,也就是重力的作用点。质量分布均匀、形状规则的物体重心就在它的几何中心。

情景问题分析

"瓶子为什么会下落呢?阿中觉得自己非常厉害,居然提出了类似牛顿当年提出的问题:苹果为什么会下落?"在此情景中很明显瓶子是因为重力的作用才下落的。物理学习中,应学会画重力的示意图。

例：如图5-3所示，小球沿斜面加速下滑，小球所受重力的示意图中正确的是（　　）。

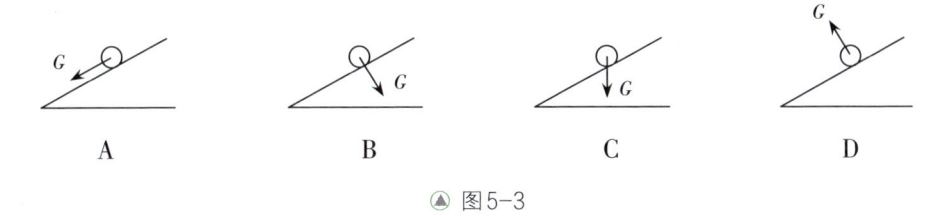

▲ 图5-3

解析：本题正确答案为C选项。

自我认识

1.下列说法正确的是（　　）。

A.甲用力把乙推倒而自己不倒，说明只是甲对乙有力的作用，乙对甲没有力的作用

B.甲用力把乙推倒而自己不倒，说明甲对乙的力大于乙对甲的力

C.力的产生离不开施力物体，但有时可以没有受力物体

D.受力物体和施力物体总是同时产生、成对出现的

2.小西同学掷出一个重为40 N的铅球，请在图5-4中画出铅球所受重力的示意图。

▲ 图5-4

高级思考

相关知识一

所谓不同性质的力，实际上就是指由于不同的原因，或是在不同条件下产生的力，如重力、弹力、摩擦力、分子力、电磁力等；不同效果的力，则是指不同的力作用于物体上将产生不同的效果，如拉力、压力、支持力、动力、阻力等。力的这两种划分标准是互相交叉的，即效果不同的力，性质可以相同；性质不同的力，效果可以相同。

在对力进行量化时，对这样一个"既有大小又有方向"的矢量进行合成与分解时遵循矢量运算定则——平行四边形定则。力的运算不是简单地加减,需要进行较复杂的矢量运算。

一个力的作用效果由力的大小、方向、作用点这三个要素决定,与其他力是否存在无关。简单来说,F_A独立作用于某物体产生效果A,F_B独立作用于同一物体产生效果B,那么两个力F_A和F_B同时作用于此物体,它们各自所产生的作用效果也仍然分别是A和B,但是该物体将表现出作用效果A和B的总效果。

力是一个抽象的概念,为了便于对物体进行受力分析,常用力的图示来形象地表示一个力。我们可以用一根按一定比例画出的带箭头的有向线段作出力的图示,线段的长度表示力的大小,箭头的方向表示力的方向,带箭头的线段的始(或终)点表示力的作用点,如图5-5所示。

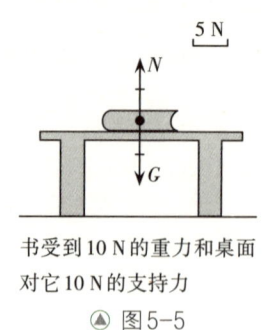

书受到10 N的重力和桌面对它10 N的支持力
▲ 图5-5

作出力的图示可按以下步骤进行:

(1)选定标度(用一定长度的线段表示多少牛的力);

(2)从作用点向力的方向画一线段,线段长短按选定标度和力的大小画,线段上加刻度(如果没有标度,就是力的示意图);

(3)在线段上加箭头表示力的方向。

情景问题分析

"阿中觉得很奇怪,明明用的是大小差不多的力推瓶子,怎么推瓶子底部,瓶子可以滑动,推瓶子上半部分,瓶子就翻倒掉地上了呢?"这一情景中的描述就充分体现了力的相关特性。当阿中用手指推瓶子时,由于瓶子受到了力的作用,运动状态发生了改变。当瓶子在桌上滑动时,又受到了桌面对其的摩擦力作用。关键的问题来了,为什么推瓶底瓶子不倒,推上半部分就倒了,这就跟力的三要素有关。推瓶子的不同位置,力的作用点不同,就导致力的作用效果不同,所以瓶子就掉下去了。

相关知识二

宇宙的一切物体之间都是相互吸引的,这种吸引力就是万有引力。引力的大小随着距离的增大而减小,随着距离的减小而增大。由于引力常数很小($G=6.67×10^{-11}$ N·m²/kg²),因而生活中普通的物体之间的引力是十分弱的。但是在天体之间,引力就对天体运动起主要作用了。应该注意的是,重力通常不等于地球的引力,两者间有微小的差异。在一些粗略的计算中可以认为二者相等，但不能说重力就是引力。

关于重心，有如下几点应该引起注意：第一，规则均匀的物体的重心就在其几何中心；第二，物体重心的位置将随物体的形状变化和质量分布变化而发生改变；第三，物体的重心不一定在物体上。重心的位置可能在物体上，也可能在物体外，物体变形时，它的重心位置可能会有变化。

情景问题分析

"他把这个木制蜻蜓的'嘴'挂在手指上，竟然不会掉下来，真是有趣！"这一情景中涉及"重心"相关知识。这种木制蜻蜓的构造比较特殊，其两侧翅膀一般比较厚重，因此重量几乎集中在翅膀部分。木制蜻蜓的着力点在手指上，木制蜻蜓之所以能保持平衡，那是因为整只木制蜻蜓实际的重心在"嘴尖"这点的下方。如图5-6所示，手指的支点是B点，木制蜻蜓的重心在A点，就像一个篮子挂在手指上一样，会晃动，而不会掉，木制蜻蜓能够稳稳地被托住。

▲ 图5-6

自我认识

1. 图5-7中物体A冲上粗糙的斜面后，沿斜面向上滑动，试画出物体A的受力示意图。

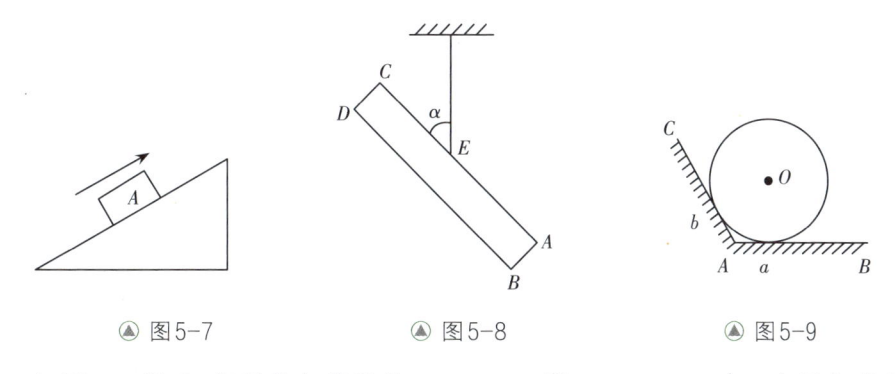

▲ 图5-7　　▲ 图5-8　　▲ 图5-9

2. 如图5-8所示，矩形均匀薄板长AC=60 cm，宽CD=10 cm。在E点用细线悬挂，薄板处于平衡状态，AE=35 cm。则悬线和板边缘CA的夹角α=_____。

3. 如图5-9所示，一个质量分布均匀的球放在互成120°角的两块光滑平面之间，保持静止状态，球与水平面AB相切于a点，与倾斜面AC相切于b点，试分析球的受力情况，画出球的受力示意图。

疯狂物理的进阶思考

本讲提炼出来的思维方法是归纳法。归纳法就是要从个别事实出发推出普遍性结论,是在一定程度上将个别事实的观点过渡到较大范围的观点,是一种从特殊的具体事例推导出一般原理的解释方法。根据考察对象的不同,可将其分为完全归纳法和不完全归纳法。完全归纳法是考察某类事物的全部对象从而得出结论,不完全归纳法是考察某类事物的部分对象从而得出结论。

归纳法是科学的思维方法之一,在许多重大的科学发现中起到了关键的作用。它对物理概念的建立具有概括作用,这些物理概念都是建立在对事物观察实验的基础上,运用逻辑思维把事物本质的共同的特征集中起来加以概括形成的。如在初中构建"力"这个概念时,课本是从生活出发给出了大量与力有关的图片,通过观察、分析,归纳出力的概念,如图5-10所示。通过人人都可以做的简单小实验来认识力的作用是相互的以及力的作用效果。

▲ 图5-10

归纳法在物理规律的研究中占有重要地位,物理规律一般是从大量的实验事实中概括出来的。比如,高中楞次定律这节课中,由图5-11中的甲明显能够看出当条形磁铁靠近通电螺线管时原磁场的方向是向下的,以及通过电流表指针的偏转方向同样可以看出感应电流的方向,进而就可以判断出感应电流的磁场方向是向上的。因此,我们不难发现当条形磁铁靠近通电螺线管,磁通量增加时感应电流的磁场方向和原磁场方向是相反的,也就是感应电流的磁场在阻碍原来磁通量的增加。分析图5-11中的乙也可以得到一样的结论。而从图5-11中的丙可以看出当条形磁铁远离通电螺线管时原磁场的方向是向下的,以及通过电流表指针的偏转方向同样可以看出感应电流的方向,进而就可以判断出感应电流的磁场方向是向下的。因此,我们不难发现当条形磁铁远离通电螺线管磁通量减小时,感应电流的磁场方向和原磁场方向是相同的,也就是感应电流的磁场在阻碍原来磁通量的减小,分析图5-11中的丁也可以得到一样的结论。因此,我们就可以归纳出感应电流的磁场总是阻碍引起感应电流的磁通量变化,通过以上四个例子分析归纳出来的结论就更具有说服力。

甲：磁铁N极
靠近螺线管

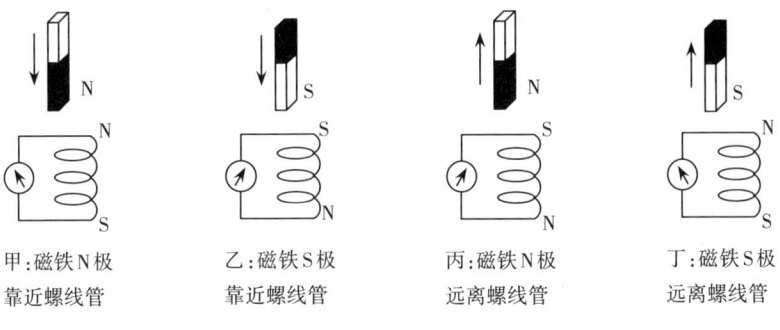

乙：磁铁S极
靠近螺线管

丙：磁铁N极
远离螺线管

丁：磁铁S极
远离螺线管

▲ 图5-11

在物理课程学习中，我们越来越倾向于探究性学习，固定答案越来越少，对逻辑推理能力要求越来越高的情况下，归纳法可以很好地帮助我们从生活现象和物理实验中总结归纳出物理规律，帮助我们提高归纳推理能力。

第6讲

人生也有起起落落
——谈自由落体与竖直上抛运动

身临其境

吃完饭，雨也停了，天空放晴，小西和小附坐在阳台上休息。突然，啪的一声，天上掉下一个玻璃瓶，把两人吓一大跳。"又有人高空抛物！这些人还有没有王法了！"（图6-1）老附气得不行，马上给物业打电话，经过一番调查，原来是住在25楼的阿中扔的。阿中被物业大叔数落了一通，战战兢兢地跟在家长后面。"你做得太不对了，高空抛物这么危险，一

▲图6-1

个小石子从二十几楼扔下来都会把人脑袋砸一个洞，更别说这个玻璃瓶了。只恨我竖直向上扔一个东西，根本就打不到你……"小西不停抱怨。阿中："对不起，我真的不是故意的，我刚才一直在思考设计实验，没注意到瓶子掉下去了……"高空坠物涉及很多物理知识：第一，这个瓶子砸到地面需要多长时间？第二，砸到地面时速度有多大？第三，砸到地面时，地面受到多大的冲击力？

知识对接

☑ 初中阶段并没有涉及自由落体运动和竖直上抛运动的具体概念，但是也遇到过相关类型的情景，多用机械能、动能、重力势能等来定性分析，在高中需要进行运动学的定量分析。

初级思考

情景问题分析

高空掉落的瓶子在整个过程中的速度变得越来越快,虽然没有学自由落体相关规律,但是根据实际生活经验以及相关实验就可以得出。

例:如图6-2所示,是一个网球竖直下落时的频闪照片,由照片可知( )。

A.网球的速度越来越快

B.网球的速度保持不变

C.网球的速度越来越慢

D.网球的速度先变快后变慢

▲ 图6-2

解析:频闪照片的特点就是拍摄的时间间隔是一样的,通过照片中网球的距离间隔就可以看出来,间隔越来越大,所以时间相等时,速度越来越大。

高级思考

相关知识一

物体仅在重力作用下由静止开始下落的直线运动,叫作自由落体运动,其特点是只受重力作用,即 $a=g$,可以认为是一个恒定值,从静止开始,即初速度为零。根据匀加速直线运动的规律,代入这些特殊值,可以得出其运动规律是:

$$\begin{cases} v_t = gt \\ h = \frac{1}{2}gt^2 \\ v_t^2 = 2gh \end{cases}$$

从规律中可以看出,对于自由落体运动,物体下落的时间仅与高度有关,与物体质量大小无关。自由落体的加速度 g 方向竖直向下,其大小与纬度、海拔高度、地质构造等因素有关,存在差异。越靠近两极 g 值越小,g 值的标准值是 9.80665 m/s^2,粗略计算时 g 取 10 m/s^2。

情景问题分析

情景中提到关于高空抛物的危害,从二十几楼扔下来的瓶子,严格意义上来讲不算是自由落体运动,因为初速度不为0,空气阻力也没有忽略。但是如果将问题理想化的话,瓶子的运动可以近似看作自由落体来研究。我们就来回答一下情景中的几个问题。"第一,这个瓶子砸到地面需要多长时间?"瓶子是从25楼扔下来的,一层楼3 m,所以瓶子的下落高度就是72 m。根据自由落体公式计算 $h=\frac{1}{2}gt^2$,可以算出时间大约是3.79 s。"第二,砸到地面时速度有多大?"这里我们可以采用两种方法计算,第一种,根据自由落体运动是初速度为0的匀加速直线运动,则 $v=gt=38$ m/s;第二种方法,利用匀变速直线运动的推论 $v^2=2gh$,同样也可以算出 $v=38$ m/s,可见一个瓶子从高空抛下速度增加有多快。"第三,砸到地面时,地面受到多大的冲击力?"这个问题的解决需要用到后面动量的知识,即合外力的冲量等于动量的变化量。由以上分析可以发现,高空抛物的确可能产生很严重的后果。

相关知识二

物体获得竖直向上的初速度 v_0 后,仅在重力作用下的运动就是竖直上抛运动。其特点是只受重力作用且与初速度方向反向,以初速方向为正方向则 $a=-g$,可以得到竖直上抛运动的运动规律有:

$$\begin{cases} v_t=v_0-gt \\ h=v_0t-\frac{1}{2}gt^2 \\ v_t^2-v_0^2=-2gh \end{cases}$$

从上述规律可见,竖直上抛运动和自由落体运动一样,是一种比较特殊的匀变速直线运动。对于竖直上抛运动,有分段分析法和整体法两种处理方法。

分段法以物体上升到最高点为运动的分界点,把整个过程分解成两段,第一段是初速度为 v_0、末速度为0的匀减速直线运动,加速度 $a=-g$(假定初速度方向为正方向);第二段是初速度为0的自由落体运动。根据可逆性,同一高度速度大小相等,方向相反,从出发到回到起始点的过程中:

$$t_{上}=t_{下}=\frac{v_0}{g}$$

上升的最大高度:$h=\frac{v_0^2}{2g}$

整体法是以抛出点为计时起点,速度、位移用下列公式求解：

$$\begin{cases} v_t = v_0 - gt \\ h = v_0 t - \frac{1}{2} gt^2 \end{cases}$$

以上所述没有考虑空气的阻力,若物体在上升或下落中还受到恒定的空气阻力,则物体的运动不再是自由落体和竖直上抛运动,分别计算上升与下降过程中的加速度,利用匀变速运动公式同样可以求解。

情景问题分析

"只恨我竖直向上扔一个东西,根本就打不到你……",情景中小西的这一句抱怨,其中描述的运动便是竖直上抛运动。竖直上抛运动是匀变速直线运动,并且其运动规律具有对称性,包括上抛和下落过程,其中下落过程可看作自由落体运动。因此情景中小西扔个瓶子上去,如果想要打到住在25楼的阿中,瓶子的初速度至少应该是38 m/s(即上个情景中对应自由落体运动的末速度),这显然不行。高中考题并不会单独考查竖直上抛运动,更多的是竖直上抛与自由落体的结合。

例：从12 m高的平台边缘有一小球A自由落下,此时恰有一小球B在A球正下方从地面上以20 m/s的初速度竖直上抛。求：(1)经过多长时间两球在空中相遇；(2)相遇时两球的速度v_A和v_B。

解析：A、B相遇可能有两个时刻,即B球在上升过程中与A相遇,或B上升到最高点后在下落的过程中A从后面追上B而相遇。

(1) B球上升到最高点的高度为：

$$h = \frac{v_0^2}{2g} = \frac{20^2}{2 \times 10} \text{ m} = 20 \text{ m}$$

此高度大于平台的高度$h_A = 12$ m,故A、B两球一定是在B球上升的过程中相遇。相遇时：

$$v_0 t_1 - \frac{1}{2} g t_1^2 = h_A - \frac{1}{2} g t_1^2$$

$$\therefore t_1 = \frac{h_A}{v_0} = \frac{12}{20} \text{ s} = 0.6 \text{ s}$$

(2) 相遇时：$v_A = g t_1 = 10 \times 0.6$ m/s $= 6$ m/s

$v_B = v_0 - g t_1 = (20 - 10 \times 0.6)$ m/s $= 14$ m/s

自我认识

1. 关于自由落体运动,下列说法正确的是( )。

A. 竖直向下的运动就是自由落体运动

B. 加速度等于重力加速度的运动是自由落体运动

C. 在自由落体运动中,不同物体的速度变化规律都相同

D. 在自由落体运动中,物体的位移与速度成正比

2. 从离地 500 m 的空中自由落下一个小球,不计空气阻力,取 $g=10$ m/s²,求:

(1) 经过多少时间落到地面;

(2) 从开始落下的时刻起,在第 1 s 内的位移、最后 1 s 内的位移;

(3) 落下一半时间的位移。

3. 在距地面 25 m 处竖直上抛一球,第 1 s 末及第 3 s 末先后经过抛出点上方 15 m 处,试求:

(1) 上抛的初速度,距地面的最大高度和第 3 s 末的速度;

(2) 从抛出到落地所需的时间(取 $g=10$ m/s²)。

疯狂物理的进阶思考

本讲提炼出来的思维方法主要是猜想与假设法。伽利略对自由落体运动的研究采用了猜想与假设法,我们先来回顾一下。伽利略设想,最简单的变速运动的速度应该是均匀变化的,但速度的变化怎样才算均匀呢?他考虑了两种可能:一种是速度的变化对时间来说是均匀的,即经过相等的时间,速度的变化相等;另一种是速度的变化对位移来说是均匀的,即经过相等的位移,速度的变化相等。伽利略假设第一种方式最简单,称为匀变速运动。

据伽利略的力学著作《关于两种新科学的对话》记载:用一块木料制成长约 12 库比特(1 库比特=0.63082 米)、宽半库比特、厚 3 指的板条,在它的上面划一条比一指略宽的槽,将这个槽做得很直,打磨得很光滑,在槽上裱一层羊皮纸(也要尽可能光滑)。取一个坚硬、光滑并且很圆的铜球,放在槽中滚动。将这个木槽的一端抬高 1~2 库比特,使槽倾斜,把球放在槽顶沿槽滚下,记录下降的时间。实验要重复几次,以便使测得的时间准确到两次测定的结果相差不超过一次脉搏的十分之一,进行这样的操作,肯定了我们的观察是可靠的以后,将球滚下的距离改为槽长的四分之一,测定滚下的

时间,我们发现它准确地等于前者的一半。下一步,我们用另一些距离进行试验,把全长用的时间与全长的二分之一、三分之二、四分之三,或者其他任何分数所用的时间相比较,像这样的实验,我们重复了整整一百次,结果发现经过的距离与时间的平方成比例,并且在不同坡度下进行实验,结果也都如此……

恩格斯指出:只要自然科学在思维着,它的发展形式就是假说。作为一种理性思维的形式,假说是科学研究中重要的方法。猜想与假设是人们运用科学思维,根据已知的事实材料,对未知的事物及其规律进行的推断和假定,是一种带有推测性和假定性的理论形态,是没有经过实践充分证实的理论。

纵观物理学的发展史,许多重大突破往往是发端于猜想与假设的。牛顿在伽利略和开普勒等人研究成果的基础上提出"地球作用于苹果的力可能也作用于月球"的猜想,而后又提出"引力平方反比定律不仅适用于太阳与行星、地球与月亮,而且也适用于任何两个物体"的假设,经过研究论证,发现了万有引力定律。在一百年以后,卡文迪许才给这个定律给予实验证明。

1900年普朗克摒弃了经典物理学的观点,靠猜想与假设的帮助,大胆地提出了"量子论"的假说;1905年爱因斯坦利用光子解释了"光电效应",提出了爱因斯坦光电方程,并预言了实验结果,这也归功于猜想与假设的效用;李政道、杨振宁发现力相互作用中宇称不守恒定律,也是先有猜想而后为实验所证明的。无数事实证明,假说和猜想是进行创造发明的原动力。

我们再来看一个利用猜想与假设法的例子。某同学看到一只鸟落在树枝上的某点处,树枝在10 s内振动了3次。鸟飞走后,他把50 g的砝码挂在该点处,发现树枝在10 s内上下振动了6次。将50 g的砝码换成450 g的砝码后,他发现树枝在10 s内上下振动了2次。你估计鸟的质量最接近多少克?

解析:首先,我们认识到,无论是砝码挂在树枝上振动还是鸟落在树枝上振动,都属于弹簧振子的理想化模型。我们需要寻找振子质量与振动频率之间的数学关系。那么,可能的关系是什么呢?

简单地看,随砝码质量增大,振动频率减小。我们不妨设想,振子质量与振动频率之间成反比例关系。代入数据,$\frac{50}{450}=\frac{0.2}{0.6}$ 显然是不成立的。这个假设被推翻,我们继续修正假设。

振子质量与振动频率的平方是否是反比关系呢?代入数据,$\frac{1}{9}=\frac{m_1}{m_2}$同时$\frac{1}{9}=\frac{f_2^2}{f_1^2}$,可

以证实：振子质量与振动频率的平方是反比关系，由这个关系推知小鸟的质量，$\left(\dfrac{0.3}{0.6}\right)^2=\dfrac{50}{m}$。

所以，小鸟的质量最接近200 g。在这道例题中，我们首先对已有的模型和储备的知识进行了应用，提出了振子质量与振动频率之间成反比例的猜想。经验证不成立后，我们又修正了猜想，提出了平方反比的关系。经验证成立后，我们应用这个结论，寻求到了其他未知的物理量。过程虽然简单，却体现了猜想与假设的思维本质。

第7讲

大丈夫"能屈能伸"
——谈形变与弹力

身临其境

阿中发着呆,看到桌上有一个弹弓(图7-1),他把纸团放到弹弓上,拉长橡皮筋,松手,纸团弹得老远,阿中享受着这个过程。橡皮筋拉得越长,纸团就飞得越远。刚刚的沮丧一下子就烟消云散了,他想起在学校里老师讲过,物体发生弹性形变,由于想要恢复原状,就会对与它接触的物体产生力的作用,他想,橡皮筋被拉长了,所以收缩时会产生弹力。自己躺在床上,把床压变形了,床对他有弹力作用。但是现在自己坐在木头椅子上,椅子形状并没有发生改变,为什么也会对自己产生一个力的作用呢?阿中看了一眼放在屋子角落的足球,它也会受到墙壁的弹力的作用吗?真是神奇。想着想着,阿中就想来画一画自己受到的弹力的情况……画着画着,他不禁感叹:"物理真是神奇啊!"

▲ 图7-1

知识对接

☑ 弹力:初、高中阶段关于弹力的概念并没有差别。初中阶段主要介绍弹力,学习使用弹簧测力计。高中阶段在初中定性分析弹力的大小与物体形变关系的基础上,使用胡克定律,定量计算弹力的大小,判定弹力的方向,同时对压力、支持力这类弹力问题进行深入讨论。

初级思考

相关知识一

形变即形状的改变或体积的改变。物体受力后会发生形变,若撤去作用力后,该物体能够恢复原状,则这种形变叫作弹性形变。物体发生弹性形变后会产生一个力叫作弹力。手压弹簧时,弹簧受力发生形变,由于力的作用是相互的,弹簧也会对手有一个作用力,由此说明物体发生弹性形变后会产生一个力,这个力就是弹力。弹力的方向总是指向物体想恢复原状的方向。

情景问题分析

"阿中发着呆,看到桌上有一个弹弓,他把纸团放到弹弓上,拉长橡皮筋,松手,纸团弹得老远。"在这个情景中把橡皮筋拉长,橡皮筋就处于拉伸状态,因为橡皮筋想要恢复原状,就会对纸团产生一个弹力,这个弹力的方向是沿橡皮筋收缩的方向。

相关知识二

图7-2是弹簧测力计,它是一种常用的测量力的大小的工具,主要由弹簧、挂钩、指针和刻度盘等组成,它的原理就是在一定范围内拉伸弹簧时,弹簧受到的拉力越大,弹簧的伸长量就越大。

▲ 图7-2

情景问题分析

"橡皮筋拉得越长,纸团就飞得越远。"这很好体现了弹力与弹性形变的关系。橡皮筋拉得越长,伸长量就越大,形变量越大,那么弹力就越大。弹力越大就可以让纸团飞得更远。

自我认识

1.下列关于弹力说法正确的是( )。
A.物体间不相互接触,也能产生弹力
B.只要物体接触就一定会产生弹力
C.发生弹性形变的物体,形变越大,弹力越大
D.只有弹簧才产生弹力

2.如图7-3所示,将两个弹簧测力计的挂钩连在一起,然后用两只手捏住外壳上的环水平地用力向两侧拉,当弹簧测力计静止时(　　)。

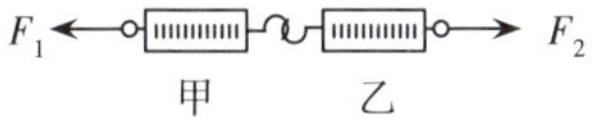

F_1 ←[甲]~[乙]→ F_2

▲ 图7-3

A.两只手对拉环的拉力 F_1、F_2 大小相等且均为 F,则弹簧测力计的示数为 $2F$

B.两只手对拉环的拉力 F_1、F_2 大小相等且均为 F,则弹簧测力计的示数为 0

C.两只手对拉环的拉力 F_1、F_2 大小相等且均为 F,则弹簧测力计的示数为 F

D.两只手对拉环的拉力 F_1、F_2 大小相等且均为 F,则弹簧测力计的示数为 $\dfrac{F}{2}$

高级思考

相关知识一

发生形变的物体,要恢复原状,对与它接触的物体会产生力的作用,这种力叫作弹力。弹力产生的过程决定了弹力是一种接触力,即只有两物体接触,才能产生形变和物体企图恢复形变的力,因此弹力的产生是以接触为前提的。弹力随形变的增大而增大,随形变的消失而消失,弹性形变是弹力产生的必要条件。物体受外力作用情况的不同、物体与其他物体接触的情况不同、物体的运动情况不同等都可能影响弹力的大小和方向,弹力的这个特点体现了弹力是被动力。

在弹性限度内,弹簧的弹力遵从胡克定律:

$$F = -kx$$

k 为劲度系数,x 为形变量,可以是伸长量,也可以是压缩量。有时也根据物体的形变情况或运动状态用平衡条件或牛顿第二定律求解。

相关知识二

固体的基本性质就是当外力作用时会发生形变。从物质构成的角度分析,形变是组成固体的晶格粒子间的相对位置发生变化,而我们知道分子间存在相互作用力,发生相对位移的晶格粒子力图回到原来的平衡位置,因此,固体又具有抵抗形变的能力。当外力撤去后,粒子可能回到原来平衡位置,也可能无法恢复到原来位置,于是我们把这两种情况下的形变分别称为弹性形变和塑性形变。我们知道,任何物体都能够发生形变，橡皮膜、海绵、弹簧等物体的形变比较明显，直接可以看出来。而有的物体形变极其微小，不易分辨，这时怎样判断接触物体间是否存在弹力呢？我们主要介绍三种微小形变放大的方法。

(1) 物理放大法。

图7-4为用圆柱形水瓶演示固体形变的实验。双手用力捏瓶子时，难以观察出瓶体本身的形变。先将水瓶中装满水，用橡皮塞盖严，再在橡皮塞上钻一小孔，插上一根细玻璃管。当在水瓶上施加一个力时，水瓶发生微小形变，肉眼难以直接观察到这个形变，而插在瓶中的细玻璃管中液面的变化可将这个形变显现出来。要使实验现象更明显些，可以让玻璃管细些，但当玻璃管太细时，由于毛细现象，液面所受的阻力将变大，水柱上升后，将难以下降，细玻璃管应该粗细适当。细管液面升降放大法是通过透明细管中的有色液面的上升或下降来反映某种物理量的微小变化。

▲ 图7-4   ▲ 图7-5   ▲ 图7-6

(2) 光学放大法。

光学放大法是通过反射光线投射到远处光屏上的光点的移位来显示光反射角的微小变化，其放大效果取决于反射镜至投射点之间的距离。根据光学放大法，物理学家测出了很多难以直接测量的物理常数，如卡文迪许巧妙地运用光点反射放大法解决了测量石英丝微小扭转角的难题，进而算出了万有引力常数。

图7-5为演示桌面微小形变的实验装置，一束光线依次被平面镜 M 和 N 反射，最后射到标有刻度的平面镜 L 上，形成一个光点。当用力按压桌面时，镜子就要向箭头所示的方向倾斜，由于两面镜子之间的距离较大，光点就会在光屏的刻度上有明显的移动，从而把桌面的微小形变放大显示出来。

(3) 间接观察法。

借助其他手段来间接观察作用在水平桌面上的力产生的微小形变，这是一种转换法的思想。如图7-6所示，当观察水平桌面受力发生的形变时，可以在水平桌面上放置一个水平仪，当有力作用在水平桌面上时，桌面将向下形变，这时水平仪中的小气泡将发生移动，从而表明桌面发生了形变。

情景问题分析

"但是现在自己坐在木头椅子上,椅子形状并没有发生改变,为什么也会对自己产生一个力的作用呢?"像木头椅子这种受到力的作用,仅发生微小形变,我们用肉眼观察不到的例子在生活中很多。因此,肉眼没有观察到并不能说没有发生,应该采用更加科学的办法来观察,由此可见物理研究的科学性与严谨性。

相关知识三

在实际问题中,不使用实验仪器,又如何来判断弹力是否存在呢?我们主要分两种情况。当形变明显时,可由形变直接判断;当形变不明显时,通常用假设法、状态法和替换法来判断。

(1)假设法:假设与研究对象接触的物体被悄悄撤除,判断研究对象的状态是否改变,若运动状态不变,则不存在弹力;若运动状态发生变化,则存在弹力作用。

(2)状态法:物体的受力情况与物体的运动状态相匹配,可依据物体的运动状态由相应的规律(如二力平衡)来判断物体间的弹力。

(3)替换法:将形变不明显的施力物体用易产生明显形变的物体来替换,如将斜面用海绵来替换,将硬杆用轻质弹簧来替换。

情景问题分析

"但是现在自己坐在木头椅子上,椅子形状并没有发生改变,为什么也会对自己产生一个力的作用呢?"这一情景中,我们依然可以用以上三种方法来分析阿中是否受到椅子对他的弹力(毕竟没有观察到椅子有明显的形变)。第一,采用假设法:假设将椅子撤去,阿中由于受到重力作用,会向下掉,不能保持原来静止的状态,所以说明椅子一定对他有一个弹力作用;第二,采用状态法:阿中是静止的,所以受到的合力应该为0,他首先受到一个重力的作用,就需要一个力和重力平衡,那么只能是椅子对他竖直向上的弹力作用;第三,采用替换法:如果把椅子换成一个海绵垫子,那么他坐在垫子上,垫子肯定会发生形变,那么他就肯定会受到弹力的作用。因此我们平时在判断一个物体对另一个物体是否产生弹力作用时,就可以利用以上三个方法来判断。

相关知识四

那么弹力的方向如何判定呢?一般说来,弹力的方向总是跟物体形变的方向相反。图7-7是中学阶段常见的情形,有以下几类:①用绳索悬挂、牵拉物体时,绳索只能承受拉力而发生形变,其弹力方向总是沿着绳并指向绳收缩的方向;②物体与支持物接触,支持物和物体间发生压缩形变而产生弹力,弹力的方向跟接触面垂直。

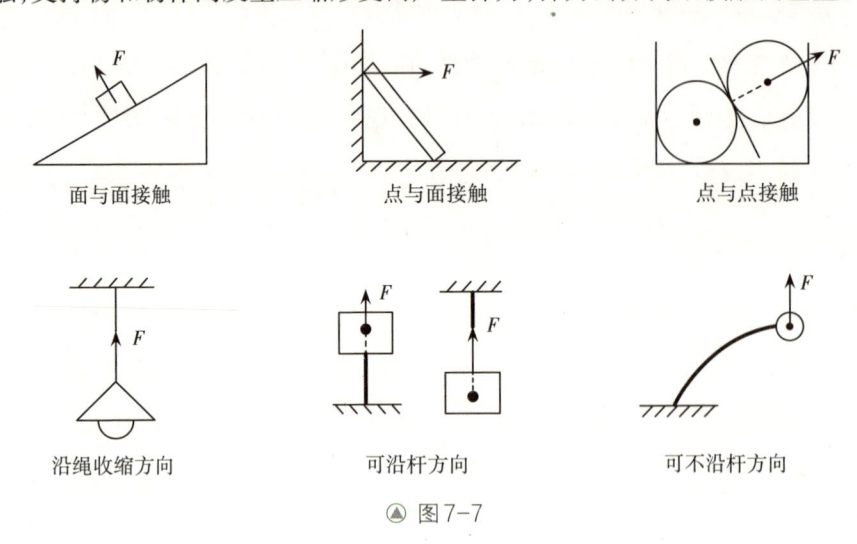

面与面接触　　　点与面接触　　　点与点接触

沿绳收缩方向　　可沿杆方向　　可不沿杆方向

▲ 图7-7

具体的弹力方向的判定步骤可以总结为:找出使该物体发生形变的外力的方向→确定该物体产生弹力的方向。一个物体受到的弹力作用,一定是另一个物体的形变引起的。

情景问题分析

"想着想着,阿中就想来画一画自己受到的弹力的情况……"这一情景中阿中想要画的就是弹力的示意图。椅子对他的弹力方向很好判断,阿中所受到的弹力应该过接触点垂直于接触面,如图7-8所示(将阿中考虑为一个质点)。

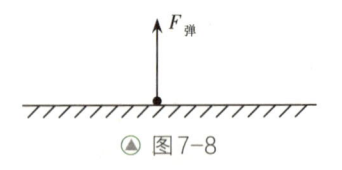

▲ 图7-8

另外,要研究放在角落的足球受到的墙壁的作用力也很简单。大家首先想一想足球究竟会不会受到墙壁对它的作用力呢?不妨用假设法来看,假设墙壁不存在,看足球会不会改变运动状态。

自我认识

1. 图7-9是探究某根弹簧的伸长量x与所受拉力F之间的关系图,下列说法中正确的是(　　)。

A. 弹簧的劲度系数是2 N/m

B. 弹簧的劲度系数是2000 N/m

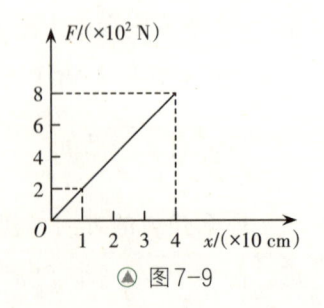

▲ 图7-9

C. 当弹簧受800 N的拉力作用时,弹簧伸长40 cm

D. 当弹簧伸长20 cm时,弹簧产生的拉力是200 N

2. 请画出图7-10中物体A受到弹力的示意图(不考虑摩擦)。

▲ 图7-10

3. 如图7-11所示,G_A=100 N,G_B=40 N,弹簧的劲度系数为500 N/m,不计绳重和摩擦,求物体A对支持面的压力和弹簧的伸长量。

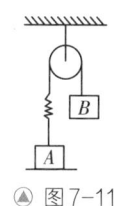

▲ 图7-11

疯狂物理的进阶思考

本讲提炼出来的思维方法是类比法。从两个(或两类)对象的某些相同或相似的属性中,推出一个对象可能具有另一个(或另一类)对象具有的属性的思维方法,我们称之为类比的思维,即:类比是将有相似特点的事物联系在一起,通过比较,将它们共同的实质揭示出来。

在许多重大的科学发现中,类比思维都起到了关键的作用。如伽利略将钟摆与人的脉搏相类比,发现了摆的等时性;法拉第在对"磁"的研究中产生新问题,根据新的实验事实,将物理中关于力的作用方式类比推理到电磁的作用方式,从磁场线类推到电场线,从水波、声波类推到磁感应和电感应的波,联想到光可能与电磁振动有关,又进一步推想电、磁和运动三者之间的关系,奠定了电磁学的基础;德布罗意进行大胆类比,提出"物质粒子也具有波粒二象性"的理论,将实物粒子与光进一步类比,预言了物质波,并且发现光波与物质波具有相类似的数学模型;薛定谔从德布罗意的类比中受到启发,利用经典波动方程类比,终于得出了著名的三维自由粒子运动规律的波动方程——薛定谔方程。

类比是人的一种理性思维,是从已知到未知,探求发现新知识的思维方法。类比推理的方法是由一特定对象到另一特定对象,两对象之间不存在共性与个性的隶属关系。因此,它既不同于个别到一般的归纳推理,也不同于一般到个别的演绎推理。类比具有多样性、不确定性,是提出新问题和获得新发现取之不竭的源泉,是培养科学意识、科学素质、科研能力的重要环节。比如对匀变速直线运动的平均速度公式$\bar{v}=$

$\dfrac{v_0+v_t}{2}$ 的理解,很多同学对它的普适性有怀疑。说明同学对它含义的理解不是很清晰,如果将上式与等差数列求平均值类比,如:等差数列 1,2,3,4,5 的平均值,显然是 3,即 $x=\dfrac{1+5}{2}$,这样我们的理解会突然形成通路,接受起来容易得多。

在电流概念的教学中,电流看不见、摸不着,同学们理解时感觉比较抽象,如果将电流的产生与水流的产生相类比,即:在重力场中,当两点之间连通且有水位差时,水在重力的作用下会从高处流向低处形成水流;在电场中,当两点之间连通且有电势差时,正(负)电荷在电场力的作用下会从高(低)电势流向低(高)电势处形成电流。电流是电荷的定向移动形成的,与水流类似,在一定时间内通过导体某一横截面的电荷越多,电流就越大。水流量用 $Q=Svt$ (v 为流速,S 为横截面积,t 为时间)来计算,电量用 $Q=It$,其微观表达为 $Q=nqSvt$,两者的计算有其相似的地方,可以通过类比来进行理解。

第8讲

阻碍只是相对的
——谈摩擦力

身临其境

领略了电视上冰壶运动员们的风采,周末,小西约上小南在万象城的滑冰场玩冰壶(图8-1)。由于很久不溜冰,一开始在冰场里根本站不稳,互相搀扶着趔趄了几下才慢慢习惯。过了一会儿,两人发现相对于常规的地面,在冰面上行走似乎更加轻松,体态轻盈的小西在冰面上更加灵

图8-1

活,发力一次可以向前滑行好远,而小南则需要不断地发力才能继续向前滑动。热身结束后小西和小南去更衣室穿戴冰壶比赛的装备,相比在溜冰场的状态,这个时候她俩走起路来更加轻松自如。穿戴好装备后,她们和冰场里其他朋友来了场冰壶比赛。不熟练的小西发现当队友以合适的推力将冰壶扔出去时,必须用冰壶刷使劲刷冰壶前的地面,才能够使冰壶到达指定的区域,不然冰壶尚未到达指定区域就已经停下来了。但是,如果刷得过猛,冰壶将向前运动超过指定的区域,而比赛的结果主要是由冰壶到指定区域的圆心距离长短决定,所以,非常考验队友的合作以及反应能力。经过一个下午的练习,小西和小南逐渐对冰壶这项运动得心应手,玩得不亦乐乎。

知识对接

✓ 摩擦力产生的条件:高中与初中对摩擦力的定义是一脉相承的,即相互接触并挤压的粗糙物体间发生相对运动或者有相对运动趋势时,在接触面处产生的阻碍物体相对运动或相对运动趋势的力叫作摩擦力。但是高中在判断出摩擦力的基础上更加侧重于将物体受到的摩擦力与运动情况进行综合分析。

✅ 动摩擦因数 μ：彼此接触的物体做相对滑动时，摩擦力和正压力的比值。不同材质的物体动摩擦因数不同，物体越粗糙，动摩擦因数越大。这是高中新学习的一个物理量，相比初中，高中需要根据动摩擦因数 μ 定量计算出动摩擦力的大小。

✅ 摩擦力的方向、大小：在初中"二力平衡"分析摩擦力方向、大小的基础上，高中阶段可采取假设的思想方法判断摩擦力的方向，而求解摩擦力的大小的方法更加灵活、多样。静摩擦力随着外力的增大而增大，大小可在零与最大静摩擦力之间变化，一般应根据物体的运动状况由平衡条件来计算它的大小，通常最大静摩擦力的大小等于滑动摩擦力的大小，而动摩擦力一般根据 $f=\mu N$ 求解。

初级思考

相关知识一

一个物体在另一个物体表面上滑动或滚动时有摩擦产生，甚至在两个紧贴的相对静止的物体之间也可能有摩擦出现。因此摩擦力分为滑动摩擦力、滚动摩擦力和静摩擦力三类。在物理学上，一个物体在另一个物体表面上滑动时所受到的阻碍物体间相对运动的力，叫作滑动摩擦力。摩擦力的方向与物体相对运动（或相对运动趋势）的方向相反，可以作为阻力，也可以作为动力。

情景问题分析

"热身结束后小西和小南去更衣室穿戴冰壶比赛的装备，相比在溜冰场的状态，这个时候她俩走起路来更加轻松自如。"通过以上情景，我们可以判断有两种摩擦力出现，当小西和小南在溜冰场时，站不稳的原因主要是脚下没有足够大的水平方向的力施加给脚掌让脚掌面能够平衡，这个力就是我们定义的滑动摩擦力，所以当小西和小南的脚想要在冰上移动时，脚掌面受力不平衡就会出现脚掌打滑的现象，人因此也站立不稳。当穿着鞋站在地面上时，两人能够稳定自如就是因为每一次脚掌面都会受到一个足够大的平行于地面的力让脚掌面受力平衡，这个足够大的力就是静摩擦力。

例：图8-2的甲和乙为两个表面粗糙的物体均沿竖直墙壁向下运动的示意图，则这两个物体是否受到墙壁的摩擦力作用？

解析：甲图中的物体因受压力 F 作用，它与竖直墙壁间产生挤压，存在正压力，所以物体相对于墙竖直向下滑动时，受到竖直

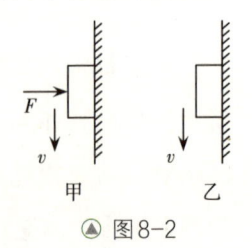

▲ 图8-2

向上的摩擦力,乙图中的物体与竖直墙壁间无正压力作用,尽管物体相对于墙竖直向下运动,却仍不受摩擦力作用。

相关知识二

静摩擦力和滑动摩擦力都应通过受力分析,结合二力平衡求得,但要注意滑动摩擦力的大小只与接触面粗糙程度和压力大小有关,即接触面越粗糙,压力越大,滑动摩擦力越大。

情景问题分析

"热身结束后小西和小南去更衣室穿戴冰壶比赛的装备。"这一情景中小西和小南脚掌面受到的摩擦力大小可以根据脚掌面向前施加给地面的力的大小通过二力平衡进行计算,同样,若知道在冰面上缓慢滑行的人向前的动力,也可以等效求出人受到的来自冰面的滑动摩擦力。

"必须用冰壶刷使劲刷冰壶前的地面,才能够使冰壶到达指定的区域,不然冰壶尚未到达指定区域就已经停下来了。但是,如果刷得过猛,冰壶将向前运动超过指定的区域。"这一情景中,冰壶刷存在的目的就是为了减小冰壶受到的摩擦力,让冰壶向前运动更远。

"两人发现相对于常规的地面,在冰面上行走似乎更加轻松,体态轻盈的小西在冰面上更加灵活,发力一次可以向前滑行好远,而小南则需要不断地发力才能继续向前滑动。"这一情景中表明:接触面间的粗糙程度相同,如果压力越大,摩擦力越大,越容易停下来;相反,人的质量越小,则压力越小,摩擦力越小,越不容易停下来,可以向前运动得更远。

自我认识

1.如图8-3所示,同一长方形木块放在同一粗糙水平桌面上,甲图中木块水平放置,乙图中木块竖直放置,丙图中木块水平放置并在上面叠加了一铁块,甲、乙、丙三种情况下,匀速拉动该木块所需的拉力分别为$F_甲$、$F_乙$、$F_丙$,下列分析正确的是(　　)。

▲ 图8-3

A. $F_甲 < F_乙 < F_丙$ 　　B. $F_甲 > F_乙 > F_丙$ 　　 C. $F_甲 < F_乙 = F_丙$ 　　 D. $F_甲 = F_乙 < F_丙$

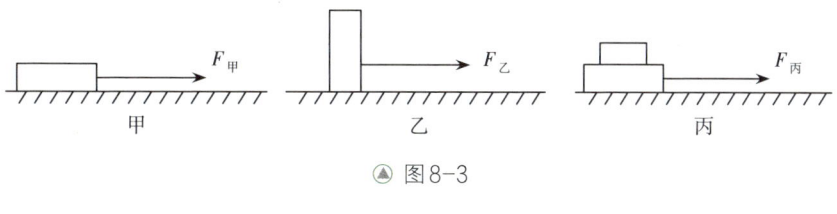

2. 如图8-4所示，A、B两物体叠放在水平桌面上受到两个水平拉力而保持静止，已知$F_1=5$ N，$F_2=3$ N，那么物体B受物体A的摩擦力和水平桌面的摩擦力大小应分别为（　　）。

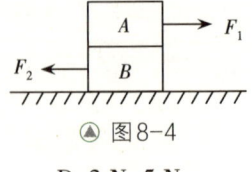

图8-4

A. 5 N、3 N　　　B. 5 N、2 N　　　C. 2 N、3 N　　　D. 3 N、5 N

高级思考

相关知识一

摩擦力产生的条件有物体直接接触，接触面粗糙，接触面间有正压力，还有相对运动或者相对运动趋势。特别是比较典型的水平方向推拉物体、竖直面上压物体、斜面上的物体、人爬杆等，在分析相对运动或相对运动趋势的方向时，可采用假设的方法。

情景问题分析

"热身结束后小西和小南去更衣室穿戴冰壶比赛的装备，相比在溜冰场的状态，这个时候她俩走起路来更加轻松自如。"不论是在地面还是在冰面上，脚掌都会对其有挤压作用。当脚掌在地面上时，由于人的身体有向前的运动趋势，假设地面是完全光滑的，我们就可以判断出脚掌有向后的运动，由此判断脚掌有向后的相对运动趋势，故分析出脚掌与地面之间存在静摩擦力。而当脚掌处于冰面上时，冰面并非绝对光滑，故脚掌与冰面之间有相互挤压的作用效果，故当人向前运动时，脚掌有向后的相对运动，所以脚掌与地面之间有动摩擦力存在。

相关知识二

动摩擦因数μ反映接触物体间的粗糙程度。物体受到的静摩擦力和动摩擦力方向与相对运动或相对运动趋势的方向相反；静摩擦力根据"二力平衡"随着外力的变化而变化，大小可在零与最大静摩擦力之间变化；动摩擦力通常根据$f=\mu F_N$求解或根据牛顿运动定律间接求解。

情景问题分析

"热身结束后小西和小南去更衣室穿戴冰壶比赛的装备，相比在溜冰场的状态，这个时候她俩走起路来更加轻松自如。"根据情景可判断出当人的脚掌与冰面之间有摩擦力时，可以用人对地面的正压力乘地面与脚掌之间的摩擦因数μ来求得。

"必须用冰壶刷使劲刷冰壶前的地面,才能够使冰壶到达指定的区域,不然冰壶尚未到达指定区域就已经停下来了。但是,如果刷得过猛,冰壶将向前运动超过指定的区域。"这一情景中,冰壶刷存在的目的就是为了减小冰壶与地面之间的动摩擦因数,而冰壶对地面的正压力不变,故冰壶先前运动受到的动摩擦力相对会减小,从而会使冰壶向前运动得更远。所以对于动摩擦力,我们都可以用正压力乘接触面之间的摩擦因数来求得。另一方面,对于脚掌与地面之间存在的类似的静摩擦力的大小,在高中阶段我们也是沿袭初中"二力平衡"的方式来求解。

例:如图8-5所示,物体 M 所受摩擦力 f 的示意图正确的是( )。

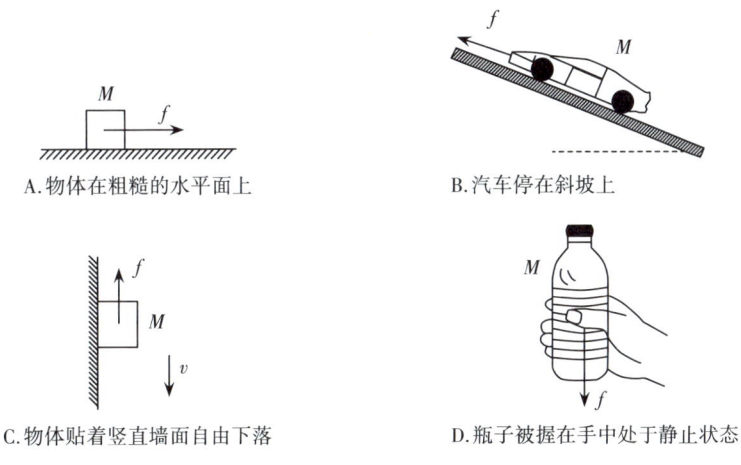

A．物体在粗糙的水平面上

B．汽车停在斜坡上

C．物体贴着竖直墙面自由下落

D．瓶子被握在手中处于静止状态

▲ 图8-5

解析:运用假设的方法,A中假设水平面光滑,物体 M 仍然是静止的,因此没有相对运动与相对运动趋势;B中的汽车有相对斜面下滑的趋势;C中物体与竖直墙面无正压力作用,尽管相对于墙面是竖直向下运动,但不受摩擦力作用;D中的瓶子有向下的相对运动趋势,静摩擦力应该是向上的,因此选B选项。

自我认识

1．用手握住竖直的瓶子,瓶子静止在手中,下面说法中正确的是( )。

A．手对瓶子的压力恰好等于瓶子的重力

B．手对瓶子的摩擦力恰好等于瓶子的重力

C．手握得越紧,手对瓶子的摩擦力越大

D．手对瓶子的摩擦力一定大于瓶子的重力

2．在图8-6中,质量为20 kg的物体在动摩擦因数为0.1的水平面上向右运动,在运动过程中受到水平向左、大小为 10 N 的拉力作用,g 取 10 N/kg,则物体所受摩擦力为( )。

A. 10 N,向右　　　　B. 10 N,向左

C. 20 N,向右　　　　D. 20 N,向左

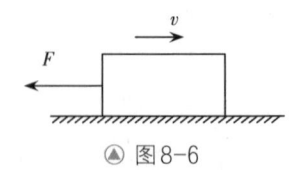

▲ 图 8-6

疯狂物理的进阶思考

本讲主要想引出守恒的思维方法,守恒在物理学中具体表现为诸多的守恒定律,比如机械能守恒定律、动量守恒定律、能量守恒定律等。守恒思维在科学发展史中可以解释新现象,预言新事物,启迪新发明,开发新能源。

早在公元 1~2 世纪,古希腊的赫伦就提出力的黄金原则:作用力减小到几分之一,速度就减少到几分之一。后来意大利物理学家伽利略把这一原理表述为:在力方面得到的,必在速度方面失去。也就是说,任何机械要省力必须降低速度。在工程上我们经常把这个形象称为机械的"牛马特性"——牛耕地速度小,但能产生较大的力;马拉车速度大,但能提供的力较小。本质上说,这正是机械能守恒的必然结果。

守恒思维对于物理学习有极大的帮助。例如理解机械功,汽车依靠地面对主动轮的摩擦力为牵引力使汽车前进,汽车在前进过程中,地面对汽车做功了吗?地球不断消耗能量帮助汽车前进了吗?我们不妨以守恒的思维去分析,汽车在前进过程中,燃料燃烧释放的化学能转变为发动机驱动主动轮的动能。归根到底,是发动机做了功,是燃料燃烧释放出化学能的结果。机械功是物体间以宏观位移方式所转移的能量的量度,这才是功的物理实质。

守恒思维是一种系统方法,它的显著特点就是从系统整体特性上进行研究,它就像一柄利剑,可以砍掉中间过程的细节,直接关注始末状态。面对许多新问题时,我们往往不了解其中的细节,这时利用守恒思维就可以对这些问题的可能性进行判断,从而对这些问题的分析、研究给出基本的方向和思路,这就是守恒思维的独特之处。

第9讲

团结就是力量
——谈共点力的受力分析

身临其境

在学校的学习生活总是充实有趣、丰富多彩的,小西和小南每天除了学习文化课程,还会参加体育锻炼和各种有趣的社团活动、选修课。这天上午最后一节课是体育课,在集体活动结束之后,小西和小南一起在附中家属区的健身器材上玩起了跷跷板(图9-1),两个人配合默契,一上一下地玩得不亦乐乎。下课之后,小

▲ 图9-1

西和小南便相约食堂一起吃午饭。吃饭时,小南发现小西握筷子时手快握到筷子的上端头了,小南觉得很有趣,也效仿小西握筷子,发现自己这样握筷子夹菜很吃力,小西和小南抓紧吃完饭就回宿舍午休。下午起床后,经过两节课的学习后,小西和小南又参加了各自喜欢的选修课。小西选了她非常感兴趣的剪纸艺术课,在课堂上,看见艺术老师拿着剪刀行云流水般像变魔术一样地剪出了各式各样逼真的作品,小西惊叹不已。选修课结束后,吃完晚饭后的小南回到教室,今天作为值日生的她负责擦教室的讲台、门窗等。她去教室的清洁间打了一桶水用于洗抹布,提水过程中,由于水桶挨着自己的腿,她害怕水溅到自己的裤子上,就伸着手提桶使水桶离自己的腿远一点,可是她发现这样提水太费力,自己一个人根本提不了,就让小西过来帮助她,两个人一起握着桶把手将水拎到了教室里。不一会儿,小南便擦完了门窗、讲台……

知识对接

✓ 共点力:初中对于共点力的概念并没有明确地提出过,但是在初中阶段我们学习的杠杆原理已经有了高中关于共点力的认识,且主要通过认识多种杠杆来区分和

认识生活中存在的一些费力或省力杠杆模型,结合生活实际较多,分析的类型比较单一,共点力的概念不突出,而稍微体现共点力特点的内容就是对单一物体进行受力分析,从而根据简单的二力平衡求解一条线上某些力的大小和方向,其中所受的力就是进入高中之后即将认识的共点力。在高中,对于共点力的认识是对于一个研究对象而言,所受的力作用于同一个点(物体)或虽不作用于同一个点但其反向延长线交于一点,这样的力叫作共点力。认识的角度不仅在一条线上,还会拓展到一个面上、空间上,且高中更加侧重结合平面、空间几何关系计算力的大小,判断力的方向,通过研究对象所受共点力是否平衡来判断研究对象的受力情况或者分析接下来的运动状态。

✓ 受力分析:初中只要求掌握同一直线上两个力的受力分析,并且研究对象大都处于平衡状态。在高中,需要分析的力更多,且受力个数在3个及以上,其中包含需要根据情景分析是否存在的弹力、摩擦力等接触力,同时还包含除了重力以外的电场力、磁场力等非接触力,更要求学生对于各种力的产生原因和条件有深刻理解和认识。

初级思考

相关知识一

杠杆是指一根在力的作用下能绕着固定点转动的硬棒。如图9-2所示,其中支点是杠杆绕着转动的点(O),动力是使杠杆转动的力(F_1),阻力是阻碍杠杆转动的力(F_2),动力臂是从支点到动力的作用线的距离(L_1),阻力臂是从支点到阻力作用线的距离(L_2)。

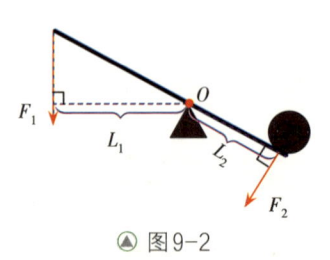

▲ 图9-2

情景问题分析

"小西和小南一起在附中家属区的健身器材上玩耍起了跷跷板,两个人配合默契,一上一下地玩得不亦乐乎。"这一情景中,跷跷板就是一个杠杆。杠杆以中间的柱子为支点,小西和小南对跷跷板的压力分别为动力和阻力。

"小南发现小西握筷子时手快握到筷子的上端头了,小南觉得很有趣,也效仿小西握筷子,发现自己这样握筷子夹菜很吃力。"这一情景中,筷子是以手握住的地方为支点,菜施加给筷子的力为阻力,手施加给筷子的力为动力。

相关知识二

杠杆平衡是指杠杆在动力和阻力的作用下处于静止状态或匀速转动状态。当杠杆处于平衡状态时的条件是动力×动力臂=阻力×阻力臂,即$F_1L_1=F_2L_2$,这个平衡条件也就是阿基米德发现的杠杆原理。由此将杠杆分为以下三类。

第一类是省力杠杆:$L_1>L_2$,平衡时$F_1<F_2$,特点是省力,但费距离(如铁匠剪刀、铡刀、起子);第二类是费力杠杆:$L_1<L_2$,平衡时$F_1>F_2$,特点是费力,但省距离(如钓鱼竿、理发剪刀等);第三类是等臂杠杆:$L_1=L_2$,平衡时$F_1=F_2$,特点是既不省力,也不费力(如天平)。

情景问题分析

"提水过程中,由于水桶挨着自己的腿,她害怕水溅到自己的裤子上,就伸着手提桶使水桶离自己的腿远一点,可是她发现这样提水太费力,自己一个人根本提不了。"这一情景中,如图9-3所示,手是以手肘为支点,水桶对手的拉力为阻力,手臂对手肘的力为动力。一开始,水桶挨着自己的腿说明手腕到手肘的距离长度偏竖直方向,阻力臂小,而阻力不变,动力臂不变,故动力小,省力,但是靠腿太近,溅出的水容易弄湿裤子,故将手腕到手肘的距离长度调整到水平方向时,阻力不变,阻力臂变大,动力臂不变,故动力变大,所以提水会更加吃力。

▲ 图9-3

"小南发现小西握筷子时手快握到筷子的上端头了,小南觉得很有趣,也效仿小西握筷子,发现自己这样握筷子夹菜很吃力。"这一情景中,小西握筷子时,阻力臂更大,故更加费力,小南刚开始握筷子,阻力到支点的垂线距离即阻力臂更小,故更加省力。所以,握筷子远了费力,握筷子近则省力。

自我认识

1.如图9-4所示的四种情景中,所使用的杠杆属于费力杠杆的是(　　)。

A.钳子　　B.羊角锤　　C.核桃夹　　D.镊子

▲ 图9-4

2. 如图9-5所示,在轻质杠杆OA的中点B悬挂着一个质量为5 kg的物体,现在A点施加一个力F,使杠杆在如图所示的位置保持平衡。已知此时杠杆与水平面的夹角为60°,则最小力F=_____N。

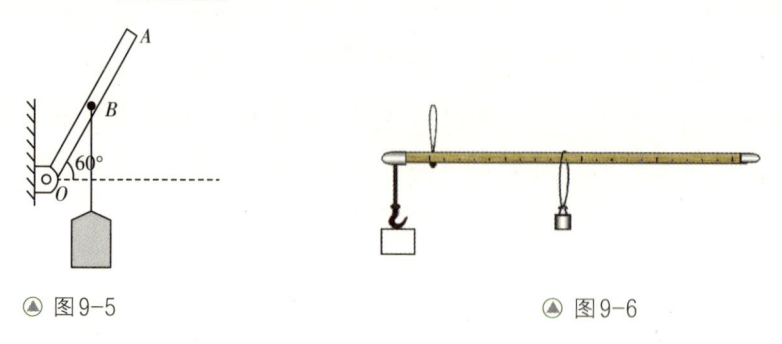

▲ 图9-5

▲ 图9-6

3. 如图9-6所示,秤砣的质量为0.1 kg,秤杆的质量忽略不计。若秤杆水平静止时,被测物和秤砣到秤纽的距离分别为0.05 m、0.2 m,则被测物的质量为_____kg。若秤砣有缺损时,则测出来的质量值_____真实质量值(填"小于""等于"或"大于")。

高级思考

相关知识一

如果一个物体受到两个或多个力的作用,这些力共同作用在同一点上,或者虽不作用在同一点上,但他们的延长线交于一点,这样的一组力叫作共点力。

情景问题分析

"两个人一起握着桶把手将水拎到了教室里。"这一情景中,小西与小南作用在桶把手上的两个力和桶的重力是一组共点力,三力共点于桶。反过来,桶对小西和小南的拉力不是一组共点力,因为其分别作用于小西和小南。当小南一个人提桶时,虽然吃力,但依旧把一桶水提了起来,这个情景中,小南对桶施加的作用力与桶自身受到的重力为一对共点力,都作用于桶这个物体上;在前面的跷跷板运动中,当小西和小南都水平静止地坐在跷跷板上时,小西和小南对跷跷板的压力、跷跷板自身的重力以及支点对跷跷板的支持力都属于共点力,因为这些力都作用于同一个物体上。

相关知识二

受力分析是指明确研究对象,通过情景将研究对象实际受到的力找到并作图。这里的力比较综合,例如重力、电场力、磁场力等非接触力,弹力、摩擦力等接触力,需综合分析、判断该力是否存在。

情景问题分析

"小西和小南一起在附中家属区的健身器材上玩起了跷跷板,两个人配合默契,一上一下地玩得不亦乐乎。"这一情景中,若小西和小南都能水平静止地坐在跷跷板上,是因为小西和小南对跷跷板的压力、跷跷板自身的重力以及支点对跷跷板的支持力使得跷跷板受力平衡,故可以判断出跷跷板处于静止状态。

自我认识

1.如图9-7所示,将三个形状不规则的石块叠放在水平桌面上,处于静止状态。下列说法中正确的是(　　)。

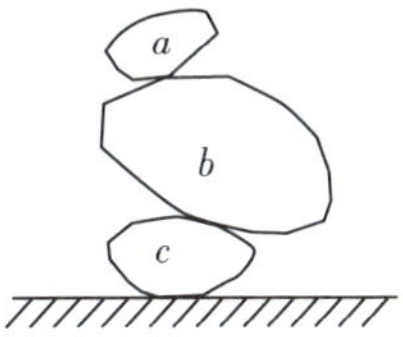

A.桌面对石块c的作用力一定竖直向上

B.石块b一定受到三个力的作用

C.石块c受到水平桌面向左的摩擦力

D.石块b对a的支持力与a受到的重力是一对作用力与反作用力

2.气球下挂一重物,沿与水平方向呈60°角的方向斜向上匀速上升,如图9-8所示。不考虑空气阻力,则关于气球和重物整体的受力情况,下列说法正确的是(　　)。

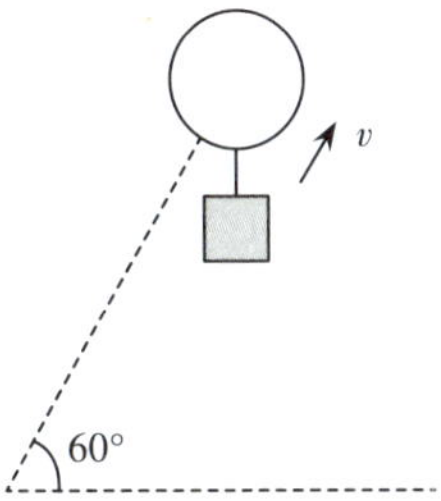

A.受重力、浮力、水平方向的风力

B.只受重力和浮力的作用

C.受重力、浮力、斜向上的冲力

D.受重力、浮力、水平方向的风力、斜向上的冲力

3.如图9-9所示,斜面和挡板均光滑,球A静止于其间,试画出A的受力示意图。

4.如图9-10所示,重为G的小球置于光滑斜面上,并通过细绳悬挂在天花板上,将小球的受力示意图补充完整。

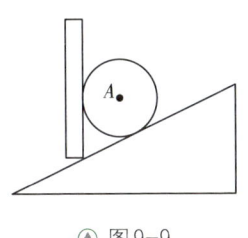

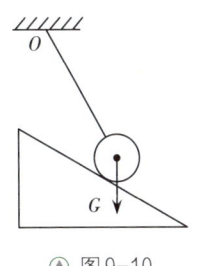

疯狂物理的进阶思考

本讲着重体现分析和综合的思想方法，分析是综合的基础，综合是分析的归宿，分析与综合是抽象思维的基本方法。所谓分析，就是把研究对象分解成它的组成部分，分别加以研究的一种方法；所谓综合，就是把研究对象的各部分联系起来，从而在整体上把握事物的本质和规律的一种思维方法。归纳来看，分析是从整体到部分，综合则从部分到整体。

分析方法有利于深入认识自然界，因为我们平时观察、认识到的只是自然界的表象。现象的各个部分、细节，影响现象的各种因素，现象之间的彼此联系，以及现象的成因及演变规律等深层次问题，是不易被观察和认识到的，并且常常还会被错综复杂的各种表象掩盖起来。只有通过对现象各部分进行分解，把彼此间的联系暂时"拆开"，才有可能研究清楚事物内部的各个细节，分辨清楚真相和"假象"并寻找出现象背后的原因，这种思维方法在高中物理学习过程中经常使用。而综合指的是从全局出发，在进行受力分析时，把研究对象当成一个整体去分析，只分析这一整体之外的物体对整体的作用力，不考虑整体内部物体之间的相互作用力。运用整体法解决问题的步骤如下：

（1）明确研究的系统或运动的全过程；

（2）画出系统或整体的受力图或运动全过程的示意图；

（3）选用适当的物理规律列方程求解。

为了弄清系统（连接体）内某个物体的相关物理情况，就要采用分析的思维去思考，思考的过程如下：

（1）明确研究对象或过程、状态；

（2）将某个研究对象、某段运动过程或某个状态从全过程中隔离出来；

（3）画出某状态下的受力图或运动过程示意图；

（4）选用适当的物理规律列方程求解。

第10讲

合久必分，分久必合
—— 谈力的合成与分解

身临其境

周末，小南一家人去爬缙云山。伴着明媚的天气和缙云山的美丽风光，一家人兴致高涨。沿途的农家小院里，一位老爷爷正拿着一把锋利的斧头劈柴，刀起刀落的精准动作不禁让小南驻足观望。短暂休息后，全家继续前行。登顶成功后，小南把单反相机架在三脚架上拍了一张全家福。回家后，小南妈妈将洗出来的全家福装进相框里，并用一根绳子拴在相框两端挂在了墙上，记录这美好的经历（图10-1）。

▲ 图10-1

知识对接

✓ 力的合成：初中时，受认识的局限，通常只需要研究在一条直线上多个力的情况，通过同一直线上不同方向的力的相加或相减来进行力的合成。进入高中后，由于学生认识的力更多，所以同一个研究对象，受力的类型和数量更多，且单个研究对象所受到的力的方向并不一定是一维（即同一直线上）的，而更多地出现在二维（即一个平面）的各个方向上，也会出现在三维（即立体空间）的各个方向上，这些都是高中阶段需要学生进行受力分析的类型。

✓ 力的分解：初中阶段只要求学生掌握在物体平衡情况下，已知同一直线上的合力(通常等于0)和一个分力,通过简单的加减求解另一个分力的大小,尚未提出力的分解这样的概念。在高中,由于力的合成还需要考虑二维、三维的情况,故力的分解也需要从一维的层面跳出来,学会认识在二维和三维中力的分解,这也是建立在高中进一步学习了平面几何和立体几何等数学知识的基础之上的,所以从难度和深度来看,相比初中会更进一步。而解决平面和空间上力的分解问题,常常会利用数学中的三角函数、平面几何关系等知识。常见的力的分解方法有平行四边形定则、正交分解法等。

初级思考

相关知识一

如果一个力产生的作用效果跟几个力共同作用的效果相同,这个力就叫作那几个力的合力。组成合力的每一个力叫作分力。合力不是作用在物体上的另外一个力,只不过是替代了原来作用在物体上的几个分力。分析力的作用效果时,不能重复分析。

情景问题分析

"小南妈妈将洗出来的全家福装进相框里,并用一根绳子拴在相框两端挂在了墙上。"这一情景中,相框受到的重力和绳子对相框的拉力满足二力平衡,即拉力和相框的重力满足大小相等,方向相反,故相框受到的合力等于零,相框处于静止状态。

相关知识二

同一直线同方向上两个力的合力,大小等于这两个力的大小之和(即$F=F_1+F_2$),方向与两个力的方向相同。同一直线反方向上两个力的合力,大小等于这两个力的大小之差(即$F=F_1-F_2$),方向与较大的力的方向相同。

情景问题分析

"小南把单反相机架在三脚架上拍了一张全家福。"这一情景中,三脚架对单反相机的支持力和单反相机自身的重力二力平衡,所以我们可以根据相机处于平衡状态,分析出相机受到的合力等于零,再根据已知相机的重力求出相机受到三脚架给予的支持力。

自我认识

1.如图10-2所示,完全相同的木块A、B叠放在水平桌面上,在10 N的水平拉力的作用下,A、B一起做匀速直线运动,此时A所受的摩擦力为_____N,B所受的摩擦力是_____N。

▲ 图10-2

▲ 图10-3

2.如图10-3所示,四旋翼无人机下方用细线悬挂一个重物,不考虑空气阻力,则无人机在空中(　　)。

A.悬停时,重物受到的重力与它对细线的拉力是一对平衡力

B.加速上升时,细线对重物的拉力大于重物所受的重力

C.匀速下降时,重物所受的重力大于细线对重物的拉力

D.水平匀速飞行时,悬挂重物的细线会偏离竖直方向

高级思考

相关知识一

当一个物体同时受到几个力的作用时,我们常常可以求出这样一个力,这个力产生的效果跟原来几个力的共同作用效果相同,这个力就叫作那几个力的合力,原来的几个力叫作分力,求几个力的合力的过程叫作力的合成。

情景问题分析

"小南妈妈将洗出来的全家福装进相框里,并用一根绳子拴在相框两端挂在了墙上。"这一情景中,就是从平面的角度去分析受力情况,虽是一根绳子,但是这根绳子是两个端头拴在相框的两侧,从而使相框处于平衡静止状态,故这根绳子的两段分别施加给相框的作用力的合力刚好和相框的重力大小相等、方向相反、在一条直线上,由此可以确定两段绳子合力的大小和方向。

相关知识二

当一个物体受到一个力的作用时,我们常常可以求出这样几个力,这几个力产生的共同效果跟原来一个力的效果相同。已知一个合力求它的分力的过程,叫作力的分解。

情景问题分析

用斧头劈柴,斧头竖直向下的力为合力,其分解成斜向两边的两个分力可以把木头劈成两半,所以木头本质上是因为斧头两面施加的弹力作用从而分成两份。那么我们也可以等效思考为木头之所以分成两份,是因为有两个力作用在木头上,同时把木头向两边掰开,只不过这个力属于弹力的一种,是由斧头施加的。

"回家后,小南妈妈将洗出来的全家福装在相框里,并用一根绳子拴在相框两端挂在了墙上。"这一情景中,我们可以将克服相框重力的力(即绳子施加给相框的合力)分解成两段绳子延伸方向的力,由此找出两段绳子实际的张力大小。如何分解呢?我们将进一步认识。

相关知识三

平行四边形定则:两个力合成时,如果以表示这两个力的有向线段为邻边作平行四边形,这两个邻边之间的对角线就代表合力的大小和方向。

情景问题分析

"回家后,小南妈妈将洗出来的全家福装进相框里,并用一根绳子拴在相框两端挂在了墙上。"这个情景中,如图10-4所示,沿两段绳子方向的张力为分力,以这两个分力为邻边,按绳子张力大小比例去构建平行四边形,对角线即为合力。

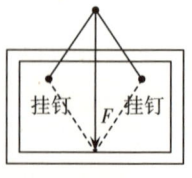

▲ 图10-4

相关知识四

正交分解是力的分解的一种特殊方法,物体受多个力作用,可将各个力沿两个互相垂直的方向进行分解。

情景问题分析

以"用一根绳子拴在相框两端挂在了墙上"这个情景进行讨论,我们以挂钉所在位置为坐标原点O,分别建立x轴与y轴,请在图10-5上进行坐标系的构建。理想化假设两段绳子受力均衡,绳子光滑,由于一根绳上各个地方张力大小处处相等,设绳子拉力均为F,其与x轴的夹角均为θ,由于相框处于静止状态,那么对相框而言应该满足沿x轴与沿y轴的如下等式关系:

沿x轴:$F\cos\theta - F\cos\theta = 0$

沿y轴:$F\sin\theta + F\sin\theta = mg$

此即为正交分解。

▲ 图10-5

自我认识

1.图10-6为汽车的机械式手刹(驻车器)系统的结构示意图,结构对称。当向上拉动手刹拉杆时,手刹拉索(不可伸缩)就会拉紧,拉索OD、OC分别作用于两边轮子的制动器,从而实现驻车的目的。则以下说法正确的是( )。

A.当OD、OC两拉索夹角为60°时,三根拉索的拉力大小相等

B.拉动手刹拉杆时,拉索AO上拉力总比拉索OD和OC中任何一个拉力大

C.若在AO上施加一恒力,OD、OC两拉索夹角越小,拉索OD、OC拉力越大

D.若保持OD、OC两拉索拉力不变,OD、OC两拉索越短,拉动拉索AO越省力

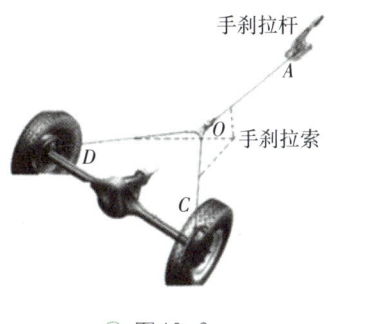

▲ 图10-6

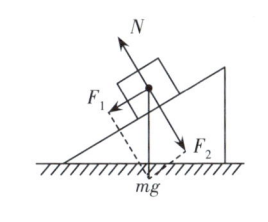

▲ 图10-7

2.如图10-7所示,将光滑斜面上的物体的重力mg分解为F_1、F_2两个力,下列结论正确的是( )。

A.F_2就是物体对斜面的正压力

B.物体受N、F_1、F_2三个力作用

C.物体受mg、N、F_1、F_2四个力作用

D.F_1、F_2两个分力共同作用的效果跟重力mg的作用效果相同

疯狂物理的进阶思考

本讲着重体现了等效替代法。自然界物质的运动、构成及其相互作用是极其复杂的,但它们之间存在着各种各样的相同特征,从事物的共同性出发,将其转化为相对比较简单的、易于研究的物理事物,以便认识较为复杂的物理事物的规律,这种方法称为等效替代法。一般来说,有时为简化物理问题,在不改变物理效果的前提下,可以用一个物理量来代替其他物理量。如合力和各个分力,总电阻和各部分电阻等情况都可以用等效替代法。等效替代法可以分为模型等效替代、过程等效替代。

1. 模型等效替代

所谓模型等效替代法是指用简单的、易于研究的模型来代替复杂的物理原形的方法。等效替代法可以是模仿、再现各种实物模型的某些特征、状态和本质,也可以是各种理想模型的具体应用。这种方法通常借助于对模型的研究从而帮助我们认识物理原形。

用模型来替代原形的方法是在一定条件下、一定的精度范围内对实际客体的一种等效替代。主要利用抽象、概括等思维过程形成理想模型,如质点、重心、理想气体、点电荷等。下面以重心为例说明这个问题。学生对重力似乎很熟悉,以为很简单,但仔细一想,并不是这样,物体有无数个微小的组成部分,实际上每个部分都要受到微小的重力,这些微小重力的作用点都各不相同。若是从作用点来研究,重力将复杂得无从下手。那么物理学的研究方法是用一个等效的重力来替代这无数个微小的重力,而这个等效重力的作用点就是重心。当然,这些模型并不是一成不变的,它会随着条件和要求精度的变化而变化。

2. 过程等效替代

过程等效替代就是指用一种或几种简单的过程来代替一种复杂过程的方法。例如,"平均速度"概念的引入,为了将复杂的变速运动转化为简单的匀速运动来处理,就把变速运动等效为匀速运动。又如,对曲线运动的研究其实就是将曲线运动分解为几个等效的直线运动,单个研究这些直线运动的规律最后合成曲线运动。如平抛运动可分解为竖直方向的自由落体运动和水平方向的匀速直线运动,斜抛运动可以分解为竖直方向的竖直上抛(或下抛)运动和水平方向的匀速直线运动。

总之,等效替代法贯穿整个高中物理学习过程,包括力学、电学等主要的知识板块。它可以帮助我们极快地理解一个物理情景,认识一个物理模型,解决一个物理问题。

第11讲

理想总是要实现的
——谈牛顿第一定律

身临其境

小西和小南吃完晚饭就和阿中一起看足球比赛，今天还有阿中最喜欢的拜仁参赛，他非常激动地问小南："听说你们附中的女足很厉害，都蝉联好几次第一了。"小南也激动地回答："是的是的，不过她们训练也非常辛苦，我每天下午放学后经过操场，无论是阴雨绵绵还是烈日炎炎，都能看到附中女足队员在操场训练（图11-1）。我被附中女足精神感动，有一天，我驻足观看，发现踢出去的足球虽然会继续'飞行'，但最终总会停下来的。有的时候停在很远的地方，有的时候又停得比较近……"

▲ 图11-1

知识对接

✓ **牛顿第一定律**：高中和初中对于牛顿第一定律的定义是相似的，表达的中心思想都是"力是改变物体运动状态的原因"。初中阶段，主要是直接让学生认识牛顿第一定律的内容，学生直接使用探究的结论即可；高中阶段，由于更加注重学生的逻辑推理能力，故通过大篇幅的物理学史来介绍不同物理学家对力和运动关系的认识，从而认识牛顿第一定律的建立过程，更加注重知识本身的来源，培养学生的科学推理和归纳能力。

☑ **惯性**：高中和初中对惯性采用相同的定义，即物体具有保持原来运动状态的性质。但是，高中阶段对于问题的研究会进一步加深，在认识惯性的基础上，会去进一步认识影响惯性的因素，即物体的质量。

初级思考

相关知识一

牛顿第一定律的内容是一切物体在没有受到力的作用时，总保持静止状态或匀速直线运动状态。牛顿第一定律是在大量经验事实的基础上，通过进一步的推理抽象概括出来的。我们不能用实验来直接证明牛顿第一定律。

情景问题分析

"踢出去的足球虽然会继续'飞行'，但最终总会停下来的。"这一情景中，踢出去的足球由于受到空气阻力和落地后摩擦力的作用改变了运动状态，总会停下来，如果在空中某一个瞬间撤去所有外力，足球将以这一瞬间的速度做大小和方向均不改变的匀速直线运动。溜冰运动也是如此，溜冰时，只需要用脚在冰面上向后轻轻蹬一下，就会滑行很远，如果冰面没有摩擦的话，就可以永远滑行下去。

相关知识二

任何物体都有保持静止状态或匀速直线运动状态的性质，物理学上把物体的这种性质称为惯性。因此，牛顿第一定律也叫作惯性定律。

情景问题分析

"有的时候停在很远的地方，有的时候又停得比较近……"这一情景中，踢出去的足球由于具有惯性会保持原来的运动状态不变，因为惯性只与质量有关，所以对于同一个足球而言，惯性是相同的，有的停得远是因为足球离开脚的瞬间速度比较大，改变这个运动状态所花时间更长。惯性可以带来好处，比如跳远运动员经过助跑后，飞身一跃，依靠自身的惯性，在空中继续前进，以提高跳远成绩。但惯性也会带来伤害，比如汽车紧急刹车时，坐在车里的人会由于惯性俯身向前而被撞伤，所以我们要克服惯性带来的伤害，在乘车时必须系好安全带。

自我认识

1.如图11-2所示,在轨道上有一辆车,它的顶部有电磁铁,电磁铁下方吸附着一颗钢珠。在实验车向右匀速直线运动的过程中,钢珠因断电下落。图中虚线表示钢珠下落的路径(以实验车为参照物)。下面能正确描述钢珠下落路径的示意图是(   )。

A　　　　B　　　　C　　　　D

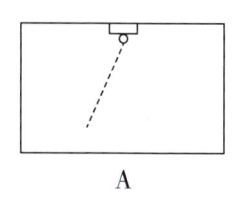

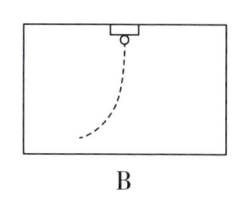

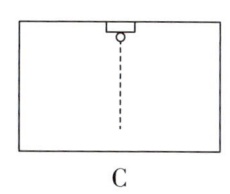

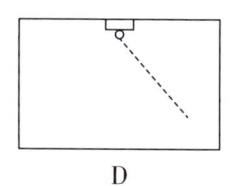

▲ 图11-2

2.小西把一杯水放在列车内的水平桌面上,小西发现水面突然发生了如图11-3所示的变化,则列车发生的运动状态变化可能是(   )。

(1)列车突然向右启动;(2)列车突然向左启动;(3)列车向右运动时突然刹车;(4)列车向左运动时突然刹车。

A.(1)或(2)　　　B.(1)或(3)

C.(2)或(3)　　　D.(2)或(4)

▲ 图11-3

3.如图11-4所示,若小球向右摆动到最低点时,绳子断裂,假设所有力同时消失,此后,小球的运动情况是(   )。

A.匀速直线下落

B.匀速直线上升

C.匀速直线斜向上运动

D.沿水平方向向右做匀速直线运动

▲ 图11-4

高级思考

相关知识一

牛顿第一定律指一切物体总保持匀速直线运动状态或静止状态,除非作用在它上面的力迫使它改变这种状态。

情景问题分析

"总会停下来的。有的时候停在很远的地方,有的时候又停得比较近……"这一情景中,飞出去的足球总会停下来说明运动状态发生改变,这是因为足球在离开运动员的脚之后,依旧会受到来自草坪的外力作用,所以草坪作用在足球上的力会改变足球的运动状态,使其速度慢下来。

相关知识二

根据牛顿第一定律可知,物体具有保持原来匀速直线运动状态或静止状态的性质,我们把这个性质叫作惯性,且质量是决定惯性大小的唯一因素,物体的质量越大,物体具有的惯性就越大。

情景问题分析

踢出去的足球会继续"飞行",这就是惯性的体现。生活中许多例子都说明了惯性的存在,比如拍打身上的灰尘,抖落伞上的雨滴,在船上往上跳会掉回原地等。在生活当中要使速度相同的沙袋在相同时间内停下来,对大沙袋用力比对小沙袋用力大,这表明质量大的物体惯性大。

自我认识

1.关于惯性,下列说法正确的是(　　)。

A.静止的物体没有惯性

B.物体的速度越小,惯性越小

C.物体的质量越大,惯性越大

D.物体所处地理位置改变,惯性一定改变

2.根据牛顿第一定律,下列说法中正确的是(　　)。

A.静止的物体一定不受其他物体的作用

B.物体受力才会运动,当外力停止作用后,物体会慢慢停下来

C.物体不受力的作用,运动状态也能改变

D.物体运动状态发生变化,物体一定受到外力作用

疯狂物理的进阶思考

本讲着重体现了抽象思维的方法。抽象思维方法就是抽出物理事物的本质属性或特征,将其本质属性或特征与非本质属性或特征区分开。一切科学理论体系的建立都要借助于抽象思维,这种思维能力也是一个人科学素养高低的重要标志。

物理概念是抽象思维的成果,运用抽象思维方法可以快速掌握物理概念。如功的概念,功是在力的基础上形成的概念。功是一个复杂而又抽象的新概念。从语文方面理解,功有贡献的意思,如功劳、立功中的功也有成效的意思,比如事半功倍。力学中的功,又是什么意思呢?联系生活中机车牵引车厢实例以及用手把水桶提起的实验,可以从过程的众多复杂因素中抽象归纳得出:要对物体做功,都必须有力作用在物体上,而且要在物体受力的方向上发生一段位移。

第12讲

努力改变人生的状态
——谈牛顿第二定律

身临其境

今年的缤纷体育节田径运动会如期而至,操场上人山人海,热闹非凡。小西和小南都报名参加了100 m短跑。比赛即将开始,小西和小南来到赛场上,随着一声清脆的枪响,比赛开始了,各位选手如离弦之箭一般冲了出去(图12-1)。凭借着体态轻盈,平时每天晚自习下课都会在附中操场夜跑的小西,很快就处于领先位置,而平时不爱锻炼、胖嘟嘟的小南同学则被远远甩在了小西身后。最后小西不仅拿到了第一名而且打破了100 m短跑的校纪录,大家都为她喝彩。

▲ 图12-1

知识对接

☑ **牛顿第二定律**:初中阶段,我们定性地判断物体运动状态变化的快慢,进入高中后,我们不能仅仅停留在定性认识的层面上,还应该定量地去计算、分析,从而让我们更加准确地去看待这个世界。高中阶段,在实验探究的基础上,我们应掌握决定运动状态变化快慢(即加速度)的物理公式。

初级思考

相关知识一

质量指物体所含物质的多少。质量是物体的一个基本属性,只与物体所含物质多少有关,与物体的状态、形状、所处的空间位置变化无关。

在国际单位制中,质量的基本单位是千克,用符号kg表示。为了方便,除千克外,人们还将吨(t)、克(g)、毫克(mg)作为质量的单位,它们之间的换算关系是1 t=1000 kg,1 kg=1000 g,1 g=1000 mg。

情景问题分析

小西体态轻盈,说明小西的质量小,进而说明小西具有的惯性小。小南胖嘟嘟的,说明小南质量大,具有的惯性大。

相关知识二

速度表示物体在单位时间内通过路程的多少,速度是比较物体运动快慢的物理量。速度、路程与时间之间的关系为$v=\dfrac{s}{t}$。

情景问题分析

"很快就处于领先位置"这一情景中,小西在相同的时间内通过的路程比其他人多,所以根据速度的计算公式$v=\dfrac{s}{t}$可以知道小西速度最快,假如小西比赛总共用时12 s,因为小西跑100 m时不是匀速运动,所以只能计算平均速度,大约为8.33 m/s。

自我认识

1.下列说法正确的是( )。

A.一物体被移到月球上,质量将变小

B.1 kg铁的质量比1 kg棉花的质量大

C.一块冰融化成水,其质量减少

D.将一铁块拉成铁丝,它的质量将不发生变化

2.甲、乙两辆小汽车在平直的路上行驶,它们的路程s随时间t变化的图像如图12-2所示。从图像看出,以下选项错误的是(　　)。

A.甲车比乙车晚出发2 s

B.两车都做匀速直线运动

C.0~5 s内,甲、乙两车通过的路程相等

D.5 s末甲、乙两车速度相等

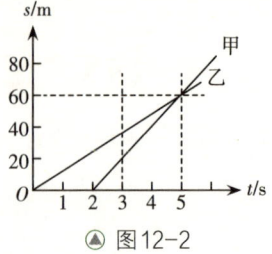

▲ 图12-2

高级思考

相关知识一

牛顿第二定律指出物体加速度的大小跟作用力成正比,跟物体的质量成反比,加速度的方向跟作用力的方向相同,相关表达式为$F=ma$。

情景问题分析

对于情景中的小西同学,"体态轻盈"代表其质量小,"平时每天晚自习下课都会在附中操场夜跑"这句话交代出小西同学跑步时的驱动力更大,所以根据牛顿第二定律,小西同学的加速度更大;对于情景中的小南同学,"平时不爱锻炼、胖嘟嘟"等信息可以发现小南的质量大,且跑步时向前的驱动力相对于小西要小,根据牛顿第二定律,小南跑步的加速度小。所以,从跑相同的位移来看,小西向前运动得更快,所花的时间更短。

自我认识

1.质量分别为m_1、m_2的甲、乙两球,在离地相同高度处,同时由静止开始下落,由于空气阻力的作用,两球到达地面前经时间t_0同时到达稳定速度v_1、v_2,已知空气阻力大小f与小球的下落速率v成正比,即$f=kv(k>0)$,且两球的比例常数k完全相同,两球下落的v-t关系如图12-3所示,下列说法正确的是(　　)。

A.甲球质量m_1较小

B.稳定速度与质量成正比

C.释放瞬间甲球的加速度较大

D.t_0时间内两球下落的高度相等

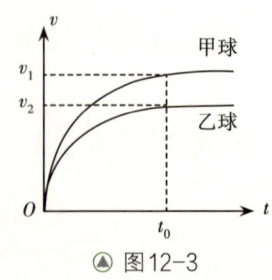

▲ 图12-3

2.关于对牛顿运动定律的理解,下列说法正确的是(　　)。

A.运动越快的汽车越不容易停下来,是因为汽车运动得越快,惯性就越大

B.人从水平地面上猛地竖直向上跳起,地面对人的支持力将会大于人对地面的压力

C.物体的加速度方向有时与合外力方向相同,有时与合外力方向相反

D.N/kg 与 m/s² 都是加速度的单位

疯狂物理的进阶思考

本讲运用了求异法,什么是求异呢？凡是与常规思路不同的过程都属于求异的范畴,因此,求异可以通过逻辑推理的方法推陈出新,也可以通过直觉的顿悟另辟蹊径,其中,逆向、转换、克弱、发散等更是求异中典型而又独具特效的思维形式。

1.逆向思维

逆向思维就是反过来想,比如由已知两个共点力可以求出一个确定的合力,反过来已知一个力是否可以唯一地确定出它的两个分力？物体的运动速度为零时,所受的合外力一定为零吗？反过来思考,物体所受合外力为零时,速度一定为零吗？还有公式的变形,并不是单纯的数学变换,它还赋予公式新的物理意义,比如已知欧姆定律 $I=\dfrac{U}{R}$,反过来就得到了伏安法测电阻的公式 $R=\dfrac{U}{I}$;根据安培力公式 $F=BIL\sin\theta$,反过来就可以得到磁感应强度 $B=\dfrac{F}{IL\sin\theta}$。

2.转换角度

任何物体的运动和静止取决于所选取的参照物。选择不同的立足点也就是变换参照物或者说是从不同的角度去分析问题。一般来说,同一个运动物体选取的参照物不同,所观察到的结果也是不同的。所以正确地选择参照物对运动的研究有积极意义。

人划船逆流而上,行至某桥孔时,从船上掉下一物体,直到航行至上游某处时,他才发现物体掉下,于是立即返航寻找,他返航后经过 5 min 才追上物体,发现物体已经顺水漂下距桥孔有 400 m 远。若渔船对静水的速度保持不变,则河水的流速是多少？

以河岸为参照物时,设船在静水中的速度为 v_1,水的流速为 v_2,船经时间 t_1 上行至离桥孔 s_1 处才发现失落物体,此时物体已顺水漂离桥孔 s_2,则:

$$s_1=(v_1-v_2)t_1$$
$$s_2=v_2t_1$$

设从开始返航到追上物体的时间为t_2,渔船的航程为s_3,这段时间内物体又顺水漂下的距离为s_4,则:

$$s_3=(v_1+v_2)t_2$$
$$s_4=v_2t_2$$

且$s_3=s_1+s_2+s_4$,即$(v_1+v_2)t_2=(v_1-v_2)t_1+v_2t_1+v_2t_2$,得$t_2=t_1$。

这就是说,渔船返航追到物体的时间,正好等于渔船从桥孔上行到开始返航的时间,在渔船运动时间(t_1+t_2)内,物体顺水下漂的距离共为$s_2+s_4=600$ m,所以河水的流速为

$$v_2=\frac{s_2+s_4}{t_1+t_2}=\frac{600}{300+300} \text{ m/s}=1 \text{ m/s}$$

此解题过程较为烦琐复杂,如果我们改用河水作参照物,求解会方便得多。

因为船与物体都在水中,都要随河水漂流,因此,渔船跟物体之间的相对速度不论是逆流而上还是顺流而下都保持不变。当以水作参照物时,相当于在静水中物体不动,渔船以一定的速度(对静水的船速)离开物体,然后再以同样的速率返航靠近物体。所以,物体从落水到渔船开始返航的时间t_1等于渔船返航追到物体的时间t_2,也就是说,物体从落水到被渔船追上所经历的时间为$t_1+t_2=2×5$ min=600 s,于是立即可得水速$v_2=\dfrac{600 \text{ m}}{600 \text{ s}}=1 \text{ m/s}$。

3.发散联想

发散思维的一个显著特点就是思维的变通性和独特性。它不受常规束缚,善于从不同角度思考,勇于采用与众人、前人不同的方法,独具卓识。发散思维的另一个显著特点是思维的联动性和跨越性。它能自如地"由此思彼",并且常能出乎意料地跨越不同事物的界限,把表面上风马牛不相及的事物巧妙地联系在一起。比如物理学巨人牛顿跨越了空间,把地面上物体的运动与天体的运动联系起来。麦克斯韦把看不见的电磁波与看得见的光结合在一起,德国物理学家劳厄在晶体与X射线间架起了桥梁,做出了著名的"一箭双雕"实验。

第13讲

力的作用是相互的
——谈牛顿第三定律

身临其境

某一天的物理课堂上,老师让同学们举行掰手腕大赛(图13-1),同学们都踊跃报名,老师让最先举手的小西和小南进行了第一场比赛。小西面对着小南"庞大"的身躯,没有一点点怯场,她俩两手相握,肘部紧贴桌子,手臂弯曲呈90°,静候老师的口令。"3、2、1,开始!"一声令下,她俩使出吃奶的力气僵持了很久,小西凭着那执着的劲儿最终赢得了这场比赛。

▲ 图13-1 掰手腕比赛

知识对接

☑ 一对相互作用力:对于相互作用力的理解是学习力学最基本的认识,在初中的学习过程中已经基本认识了一对相互作用力,高中阶段则是在此基础上进行更为复杂的受力分析。

☑ 牛顿第三定律:在初中,学生简单地认识了牛顿第一定律、作用力与反作用力等基本力学知识,但是对于系统的牛顿运动定律体系尚未进一步认识。高中这部分内容的学习,和初中所学的相互作用力在本质上是没有区别的,只是更加系统、完善。

初级思考

相关知识一

力是物体对物体的作用,力的作用是相互的。

情景问题分析

小西和小南两手相握,小西对小南有力的作用,小南对小西也有力的作用。

相关知识二

大小相等、方向相反、作用在同一条直线上、作用在不同物体上的两个力是一对相互作用力。大小相等、方向相反、作用在同一条直线上、作用在同一物体上的两个力是一对平衡力。

情景问题分析

"她俩使出吃奶的力气僵持了很久",这一情景中,小西对小南的力与小南对小西的力是一对相互作用力,这两个力大小相等。

自我认识

1.人用手抓住绳子将水桶提起,手受到向下的拉力,这个拉力的施力物体是( )。

    A.水桶   B.地球   C.绳子   D.手

2.小西买了一个意大利比萨斜塔模型。当模型塔静止在桌面上时,小西对模型塔的分析正确的是( )。

    A.塔对桌面的压力和塔受到的重力是一对平衡力

    B.塔对桌面的压力和桌面对塔的支持力是一对相互作用力

    C.塔受到的重力和桌面对塔的支持力是一对相互作用力

    D.塔受到的重力和塔受到的摩擦力是一对平衡力

高级思考

相关知识一

两个物体之间力的作用是相互的。当一个物体对另一个物体施加了力,同时后一物体一定对前一物体也施加了力。物体间相互作用的这一对力,通常叫作作用力和反作用力。有作用力一定有反作用力,它们是同时存在的。

情景问题分析

掰手腕比赛中,小西和小南互相作用在对方手上的力为一对相互作用力,"肘部紧贴桌子"这个情景中,桌子对肘部的弹力和肘部对桌子的压力也是一对相互作用力,他们相互依存,同时存在,大小相等,方向相反。

相关知识二

两个物体之间的作用力和反作用力总是大小相等,方向相反,作用在同一条直线上,这就是牛顿第三定律。

情景问题分析

在上述情景中,整个掰手腕过程,小西和小南的手以及他们各自紧贴桌面时肘部与桌面之间的力都满足牛顿第三定律,牛顿第三定律体现在我们生活中的方方面面。

自我认识

1. 甲乙两人进行拔河比赛,他们穿同种款式的运动鞋,设甲对乙的力为 F_1,乙对甲的力为 F_2,比赛中如果是甲赢得比赛(   )。

A. 一定是 $F_1 > F_2$ 　　　　　　　　B. 一定是甲的体重大于乙的体重

C. 甲乙在决出胜负的瞬间乙的加速度为 a,则有 $F_1 = m_乙 a$

D. 比赛中乙一定产生了方向指向甲的加速度

2. 如图13-2所示,质量为 m 的木块受到水平向右的拉力 F 的作用,在质量为 M 的长木板上水平向右运动,长木板处于静止状态。已知木块与长木板间的动摩擦因数为 μ,重力加速度为 g,则(   )。

A. 木块受到木板的摩擦力的大小一定为 F

B. 长木板受到地面的摩擦力大小为 $\mu m g$

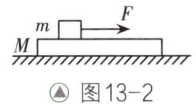

▲ 图13-2

C.若将拉力 F 增大,长木板所受地面的摩擦力将增大

D.若将拉力 F 增大,长木板有可能从地面上开始运动

疯狂物理的进阶思考

本讲主要体现了对称的思维方法。在各种物理现象和物理规律中,对称现象普遍存在,利用对称法分析解决物理问题,可以直接抓住问题的实质,避免复杂的数学演算和推导,快速简便地求解出答案。

利用对称法解题的思路为:(1)选取研究对象。首先要仔细审题,通过题目的条件来剖析物理现象及过程,建立清晰的物理情境,选取恰当的研究对象;(2)分析研究对象的特点和规律;(3)寻找研究对象的对称性特点,借助对称原理在已有经验的基础上分析挖掘研究对象的对称性特点;(4)利用对称性特点,按照物理规律进行求解。

下面结合具体实例探讨对称法在物理解题中的妙用。

例:如图13-3所示,轻弹簧的一端固定在地面上,另一端与木块 B 相连,木块 A 放在木块 B 上,两木块质量均为 m,在木块 A 上施加竖直向下的力 F,整个装置处于静止状态。

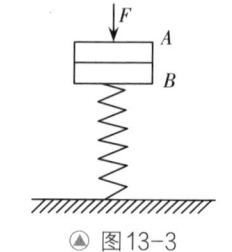

(1)突然将力 F 撤去,若运动中 A、B 不分离,则 A、B 共同运动到最高点时,B 对 A 的弹力有多大?

(2)要使 A、B 不分离,力 F 应满足什么条件?

▲图13-3

解析:力 F 撤去后,系统做简谐运动,该运动具有明显的对称性,本题利用最高点与最低点的对称性来求解,会简单得多。

(1)最高点与最低点的回复力是合外力,大小相同,方向相反。在最低点,在撤去力 F 的瞬间,受到的合外力方向竖直向上,大小应为 F;在最高点,系统受到的合外力方向竖直向下,大小也应为 F,A 受到的合外力方向向下,大小为 $\dfrac{F}{2}$,考虑到重力的存在,所以 B 对 A 的弹力为 $mg-\dfrac{F}{2}$。

(2)讨论临界情况时,利用最高点与最低点回复力的对称性。最高点时,A、B 间虽接触但没有弹力,A 只受重力,所以回复力方向向下,大小为 mg。所以,在最低点时,即刚撤去力 F 时,A 受的回复力也应等于 mg,但根据前一题的分析,回复力为 $\dfrac{F}{2}$,这就是说 $\dfrac{F}{2}=mg$,则 $F=2mg$。因此,使 A、B 不分离的条件是 $F\leq 2mg$。

第14讲 数学中的物理

19世纪以前,数学与物理作为自然哲学中的一门,是密不可分的。物理学的研究大多是建立在观察基础上的理论研究,对数据分析与数学建模的能力要求较高,一位数学家同样也可能是一位物理学家。例如牛顿,作为数学家,他是微积分的创建者之一,同时其对于经典物理学的贡献也是有目共睹的;再如高斯,高斯函数、高斯分布等是其在数学方面的重大成果,而高斯定理、天体的高斯常数同样在物理方面有着十分重要的贡献。实际上直至19世纪中后叶,数学和物理依然归于自然哲学中,并以数学统称。

解释物理现象、证明物理理论,对于数学能力的培养起着非常重要的作用,这也是数学和物理在早期密不可分的一个原因。不过比较遗憾的是,随着电动力学、粒子物理学、量子场论与弦论、色动力学的渐渐发展壮大,随着实验物理学的流行,物理与数学之间的沟壑逐步扩大,追求形式简洁(物理)与追求逻辑严谨(数学)之间越来越难以相容,二者最终还是大路朝天各走一边了。但这并不会成为中学阶段以物理方法解决数学问题的障碍。

我们来看一个典型例子:关于x的方程$\sqrt{x}+\sqrt{2-x}=a(0 \leqslant x \leqslant 2)$有解,求$a$的取值范围。

用数学中的函数分析:

令$\sqrt{x}=m$,$\sqrt{2-x}=n(m \geqslant 0, n \geqslant 0)$,则$m^2+n^2=2$,图14-1所示为圆的四分之一,由题意知$m+n=a$,进而得到$n=-m+a$,所以$a$为直线纵截距。

当直线与圆相割于P、Q两点时,$a_{\min}=\sqrt{2}$;

当直线与圆相切时，$a_{max}=2$；

综上所述，$a\in[\sqrt{2},2]$。

用物理中的能量守恒法：

如图14-2所示，光滑水平面上有两个质量都为 m 的小球分别以 v_1、v_2 的速度向右做匀速运动，取向右为正方向。

令 $\sqrt{x}=v_1$，$\sqrt{2-x}=v_2$（$v_1\geq 0,v_2\geq 0$），

则 $E_{k总}=\frac{1}{2}mv_1^2+\frac{1}{2}mv_2^2=m$ 为定值。由于两球质量相等，则系统质心速度为 $\frac{v_1+v_2}{2}=\frac{a}{2}$，求 a 的范围，即求系统质心动能 $E_{k0}=\frac{1}{2}\times 2m(\frac{v_1+v_2}{2})^2=\frac{ma^2}{4}$。

①当系统动能全部"集中"在系统质心上时，v_1 与 v_2 等大同向。②当系统动能全部"分散"在其他的质点上时，v_1 与 v_2 等大反向。结合题目实际，$v_1\geq 0$，$v_2\geq 0$，最"分散"的情况只能是 $v_1=0$，$v_2=0$。

情形①：$E_{k0max}=m$ 得到 $a=2$；

情形②：$E_{k0min}=\frac{m}{2}$ 得到 $a=\sqrt{2}$；

综上所述，$a\in[\sqrt{2},2]$。

思考一下我们会发现，该例题方程有个特点：平方和为定值。题目需要求解的是一次项和的取值范围。若站在力学角度来思考物理方法，要思考的是平方和有某种意义，那么一次项和与平方和就要有某种关联。双弹簧振子模型会立马出现在我们的脑海里，可是它包含了动能转化在里面，所以就无法确保弹性势能的守恒。接下来我们可以联想到万有引力模型，然而力具有矢量性，平方反比表示的力与反比表示的势能之间的运算总是会符号相反。最后，若动能守恒，碰撞结果的求解对于动量守恒来说没有任何意义。由此可以得出动能守恒的方法是非常好的，从上面我们可以看出，用物理方法来解决数学问题有下面几个特征：

第一，通过寻找匹配合适的物理情境来合理地表达数学问题。

第二，结合物理学方面的理论、实验得出的结果以及日常的生活经验，来对问题进行简化处理和解答。

总而言之，用物理方法解决数学问题的根本作用是赋予抽象的数学问题一个形象

的模型,在几何学发展的早期即如此,实际上,非常多的自然结果都是数学解的表达形式,由此说来,物理方法某些时候比单一的数学方法来得更简洁。

一、寻求物理模型作为数学问题的现实解释

很多数学问题和物理问题都是人们通过对自然界的一些现象研究发现的,它们之间存在着很密切的关系。所以寻找合适的物理模型来对应某些数学问题,然后使用物理现象对数学方法进行验证,能够一定程度地增强数学教学的趣味性,以达到改善教学效果的作用。

例:体积相等的正方体、球、等边圆柱(即底面直径与高相等的圆柱)的表面积分别为 S_1、S_2、S_3,则它们的大小关系是( )。

A. $S_1<S_2<S_3$ B. $S_1<S_3<S_2$ C. $S_2<S_3<S_1$ D. $S_3<S_2<S_1$

联想物理模型:因为液体表面张力的作用落在荷叶上的水珠总是趋近于球形(若处于失重状态,即标准的球形)。液体表面张力的存在使液体表面尽量收缩,最后收缩为最小的球形表面积,在这三个物体中,球的表面积 S_2 最小;正方体接近于球的程度最差,所以表面积 S_1 最大;等边圆柱居中,于是 $S_2<S_3<S_1$,选 C。

若用数学的解题思路:设正方体的边长为 a、球的半径为 R、圆柱的高为 h 和底面半径为 r,然后根据三者的体积相等,得到 a、R、h、r 满足的关系式,最后再比较三者的表面积,计算过程比较复杂。相比起来这样的数学计算没有物理模型解释得简洁、深刻。

二、选取物理原理作为数学创新试题的命题背景

高考数学命题改革很注重"综合化",一方面是注重数学各分支间的综合,另一方面是注重数学和其他学科之间的联系与渗透。以某些物理原理作为命题背景,是高考命题创新的亮点。

例:图 14-3 为某三岔路口交通环岛的简化模型,在某高峰时段,单位时间进出路口 A、B、C 的机动车辆数如图所示,图中 x_1、x_2、x_3 分别表示该时段单位时间通过路段 AB、BC、CA 的机动车辆数(假设:单位时间内,在上述路段中同一路段上驶入与驶出的车辆数相等),则( )。

A. $x_1>x_2>x_3$ B. $x_1>x_3>x_2$ C. $x_2>x_3>x_1$ D. $x_3>x_2>x_1$

解析：记 y_i 为 $x_i(i=1,2,3)$ 分流到环线上的车流量，则：

$x_1=20+y_1 \quad x_2=30+y_1$

$x_2=35+y_2 \quad x_3=30+y_2$

$x_3=55+y_3 \quad x_1=50+y_3$

消去 y_i，得到 x_i 的关系式，即

$x_2-x_1=10$

$x_2-x_3=5$

$x_3-x_1=5$

得出 $x_2>x_3>x_1$，故选 C。

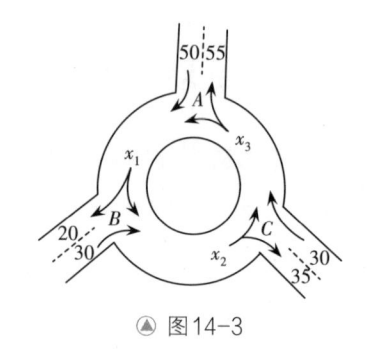

图 14-3

本题考查的重点是交通环岛问题的数学化，如果根据条件能快速地提炼出相关的数量关系，构造出方程组，就可以得出正确的结论。而此题的物理背景是基尔霍夫定律：流入此节点的电流之和等于流出此节点的电流之和，即 $\sum i_入=\sum i_出$，适用于电路中的任何一个节点。

三、辨别物理知识和数学知识源与流的关系

很大程度上，物理学发展的需求极大地促进了数学中很多内容的发展，也就是物理原理其实是很多数学知识的"源头"。我们应该弄清楚数学知识和物理知识之间源与流的关系，这样才能认识到问题的主要矛盾，认清问题的本质。如果不明确这点，胡乱地践行数理结合，则很大程度上会适得其反，弄巧成拙。

如图 14-4 所示，A、B 两球质量均为 m，B 球原来静止，让 A 球以速度 v 跟 B 球发生完全弹性碰撞。碰撞后，B 球以速度 v_2（沿两球心连线方向）沿 AB 方向运动，A 球以速度 v_1（跟 v_2 垂直）沿 AC 方向运动。由于两球发生完全弹性碰撞，由系统动量守恒得 $mv=mv_1+mv_2$，所以 $v_1+v_2=v$，作出 A 球 v_1、v_2 合成的矢量图 $\triangle ACD$，则 $\triangle ACD$ 是直角三角形。又由系统动能守恒得 $\frac{1}{2}mv_1^2+\frac{1}{2}mv_2^2=\frac{1}{2}mv^2$，即 $v_1^2+v_2^2=v^2$，所以在直角三角形 ACD 中，$AD^2=AC^2+CD^2$，从而用完全弹性碰撞规律验证了数学中的勾股定理。

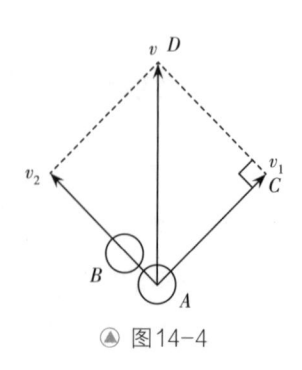

图 14-4

该题用弹性碰撞知识来验证勾股定理。分析整个证明过程不难发现，证明的关键步骤是"碰撞后，B 球以速度 v_2（沿两球心连线方向）沿 AB 方向运动，A 球以速度 v_1（与 v_2

垂直)沿 AC 方向运动"。而由于弹性碰撞是一种理想状态，无法通过物理实验得到，那么"v_1 与 v_2 垂直"这个结论从何而来呢？事实上，正是由于有数学中的勾股定理，物理老师们才能推导出"v_1 与 v_2 垂直"。如果用要验证的结论作为验证的依据，犯了循环论证的错误。如果没有弄清楚这个问题中相关知识的源与流，就会出现循环论证。

　　小小的物理知识，可以帮助我们更加理性地看待周围的世界，也可以让我们明白面对问题，相比人云亦云，有理有据去分析、思考问题的本身更具有现实意义。物理学是自然科学的带头学科之一，研究内容大至宇宙，小至基本粒子。想要学好物理，提高科学素养，养成运用专业知识思考与解决问题的习惯非常重要。

第15讲

生物中的物理

自然科学可以分为两个主要分支：物理学和生物学，其中物理学主要研究物质的结构、物质间相互作用规律和运动规律，而生物学主要研究生物现象，以及生物生命活动规律。这两门学科的研究对象相似，所以在学科内容上有一定的交叉，并且在研究物质的方法上也存在很多相通的地方。

一、生物教学中的物理

生物教材中经常会涉及多种物理知识，物理与生物在生产生活中的交叉点也多，所以要想透彻理解生物现象，就需要我们掌握一定的物理学知识，例如，在解释植物的蒸腾作用可以降低环境温度时，可以结合物理中的物态变化。以水蒸发为例，比如洗完澡后身上有水会感觉寒冷，是因为水蒸发会吸收热量，结合这一物理现象可以更好地理解蒸腾作用的意义；又比如在显微镜中反光镜的原理是其中一面是平面镜，另一面是凹面镜，当光线较暗时我们选择凹面镜，因为凹面镜对光线有会聚作用，所以结合这一物理知识可以更快地学习如何正确操作显微镜；在理解气体交换时，以空气中喷洒花露水为例，刚开始只有喷洒的地方能闻到气味，后来整个房间都能闻到气味，借助气体扩散这一物理知识，可以更好地理解气体交换的知识。

高中生物"植物的向性运动"一节中要理解植物的向重力性，体现了植物对环境的适应性这一特点。要理解这一抽象的观点，仅靠语言描述是不够的，如图15-1所示，运用物理学中的力学知识通过分析重力作用对植物生长素的影响，可以深入理解"植物的向重力性体现了植物对环境的适应性"这一观点。

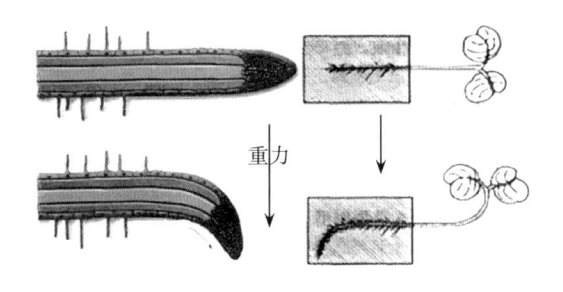

▲ 图15-1

例：水平放置在地面的植株，一段时间后，会发生的现象是（　　）。

A. 靠近地面一侧较远离地面一侧生长素浓度高，根向下弯曲生长

B. 靠近地面一侧较远离地面一侧生长素浓度低，根向下弯曲生长

C. 远离地面一侧较靠近地面一侧生长素浓度高，茎向上弯曲生长

D. 远离地面一侧较靠近地面一侧生长素浓度高，茎向下弯曲生长

解析：这道题考查的是植物根的向重力性（根一定顺着重力方向生长）和茎的背重力性（茎一定背离重力方向生长）。由于受重力作用，就会使得植物体内生长素横向（顺着根尖横截面）运输，从而近地侧生长素浓度要比背地侧高，但是由于根和茎两个部分对生长素浓度敏感程度不同（根的敏感程度更高），该浓度抑制了根近地侧细胞的生长，促进茎近地侧细胞的生长，因此使根向地心方向生长，而茎背地生长，体现了生长素对植物的两面性。这其实也是植物对环境的一种适应。故选A。但是如果不受重力影响，那么根和茎就不会有向重力性和背重力性，比如生长在太空空间站中的植物就不会体现出这个特点。

物理思维渗透在高中生物学习的方方面面，生物学中某些概念的理解同样可以与物理学中的相关概念类比，从而突破生物思维上的障碍。比如同学们很难理解细胞周期的概念，但是如果学过振动周期，就很好理解。振动周期的概念是：做简谐运动的物体完成一次全振动所需的时间，物体从 $A→O→B→O→A$ 运动为一次全振动（如图15-2所示）。细胞周期的概念是进行连续分裂的细胞，从一次分裂完成时开始到下一次分裂完成时为止。我们就可以把振动周期的概念理解为一个连续做简谐振动的物体，从一次全振动完成时开始，一直到下一次全振动完成时为止，就是它的一个周期。那么，细胞周期的概念也就相当好理解了。

▲ 图15-2

在"生物的新陈代谢"一节中有这样一段描述：我们都知道，地球上所有的生物都直接或间接以植物为食。绿色植物要制造出贮存能量的有机物，就必须进行光合作用，而光合作用的必备条件就是要有光。可以说，地球上绝大多数生命都依赖于太阳不断释放的光能。实际上，能够到达地球的阳光中只约1%用于光合作用，其他则被云层、大气中的尘埃、地球上的裸地或覆盖地球表面大部分面积的水体吸收或反射。这些用于光合作用的光在物理学上被称为可见光，它由各种颜色的光组成，每种颜色的光波长不同，所含能量也不同。当光照射到物体上时，它可能被透射、被吸收或被反射。而绿色植物细胞中的各种色素可以吸收不同波长的光。那么，当叶绿素吸收了可见光中除绿光以外的光，就反射出绿光。

不难看出不同学科的交叉渗透已经在新教材中开始，生物和物理的融合对学生的综合能力培养将发挥重要作用。

例：如图15-3所示，用三棱镜可使阳光在 B、C、D 范围内折射成一条色谱带。请回答下列问题：

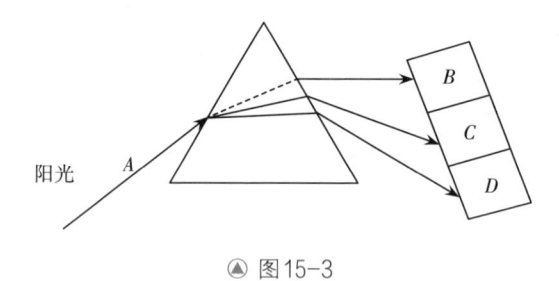

▲ 图15-3

(1)将一瓶绿藻放在 A 处，则 B、C、D 哪一段变暗？

(2)将同一瓶绿藻放在 B、C、D 处，哪一段位置会严重影响它的生长？

解析：(1)阳光透过绿藻时，绿光吸收最少。根据色散知识，从 B 至 D 的色谱带中，颜色分布依次是红、橙、黄、绿、蓝、靛、紫，故此时位于色谱两端的 B、D 将变暗。(2)根据上面的分析，C 为绿光区，由于进行光合作用时，叶绿素主要吸收红橙光，胡萝卜素和叶黄素主要吸收蓝紫光，各种色素所吸收的光能都要传递给叶绿素，才能进行光合反应，因而放在 C 区会严重影响其生长。

二、物理试题中的生物

例：图15-4是神经纤维细胞表面内外离子分离的情况，该神经纤维处于_____状态,若规定膜的外表面为零电势,则内表面电势为_____(填"正""负"或"零")电势,比较图中所示的电势高低 φ_a_____φ_b,电荷形成的电场强度大小 E_a_____E_b。

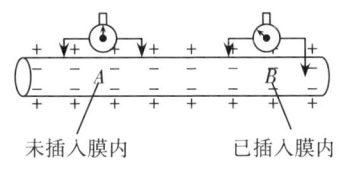

▲ 图15-4

这道题目究竟是一道生物试题,还是一道物理试题? 神经纤维细胞表面正负电荷怎么会分开呢? 这是静电感应现象吗? 面对这道试题,大家可能会摸不着头脑,不知道该用哪门学科的知识去解答。这道题目实则是以物理知识为背景,考查对物理概念的理解,学科综合程度比较高。下面就神经纤维细胞表面内外电位(电势)特点进行以下说明。

组织发生兴奋时,伴随有电位的改变,称为生物电。随着电子技术的发展,人体多种器官和组织的电位变化,都能被精确地记录下来,如心电图、肌电图、脑电图等。

细胞的表面是细胞膜,是一种选择透过性膜,它对钾离子和钠离子的通透有一定的选择性,其中对钾离子有较大的通透性,而对钠离子则通透性很差。由于细胞膜有选择性的通透能力使膜内外离子呈不均衡分布。在紧靠细胞膜外表面处积聚着一层正离子,而在紧靠细胞膜内表面处积聚着一层负离子。正负离子隔着细胞膜互相吸引,在膜两侧建立起电位差,膜外电势高于膜内。由此可见,细胞膜当然不能算是导体,表面内外正负电荷分开,并非静电感应造成的,不能适用处于静电平衡状态的导体。

我们将神经纤维细胞没有受到外来刺激时的状态(膜内带负电,膜外带正电)称为静息状态,如图15-5所示。如果将微细电极(其尖端直径为0.25~2 mm)和参考电极,放在静息的神经纤维表面上,经导线输入放大器与电流计构成电路,两极的电位差为零,表明神经纤维表面各部分的电位是相等的。将微细电极插入膜内,可认为无损伤或不致引起损伤,参考电极在膜外,立即发现膜内外存在着一定的电位差。膜外电势高,带正电;膜内电势低,带负电。而由于细胞膜的作用,两者电势差始终维持着一定的水平,我们将这种状态称为极化状态。而此时膜内外的电势差就称为静息电位。

▲ 图15-5　　　　　　　　　　　▲ 图15-6

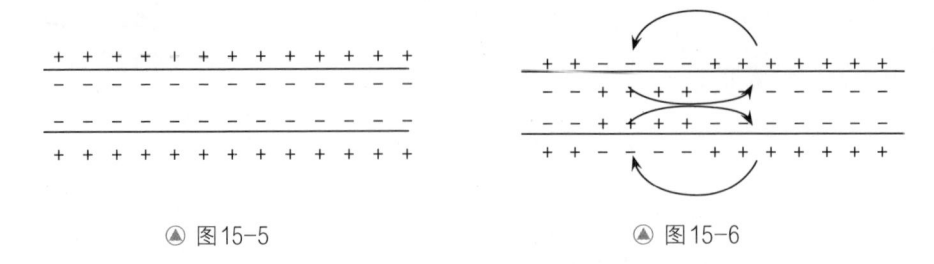

如果我们刺激神经纤维的某一部位,使其产生兴奋,如图15-6所示,那么兴奋部位的膜将会发生一次快速的电位倒转,膜外的电位由正变为负,膜内电位由负变为正。究其原因是此刻神经膜上的钠通道打开,膜对 Na^+ 的通透性突然增高,超过对 K^+ 的通透性。膜内负电位会吸引大量 Na^+ 快速流入膜内,结果最终使得膜内电位为正,而膜外电位为负,产生去极化,也称为反极化。事实上,去极化不仅把原来的极化状态予以取消,而且还暂时建立起一种相反的极化状态。但是附近没有兴奋的部位依然保持膜外电位为正,膜内电位为负的状态。因此,同在细胞膜外,兴奋部位与附近的未兴奋部位之间,就很明显形成了电位差,从而形成了局部电流。这个局部电流将会在膜外从未兴奋部位流向兴奋部位,在膜内则会从兴奋部位流向未兴奋部位,导致局部电流回路的产生。如图15-7所示,该局部电流也会刺激附近未兴奋的部位,同样产生上述电位变化,从而又产生了局部电流,循环进行下去,把兴奋不断地向前端传导,而已经兴奋的部位又不断地依次恢复原先电位。兴奋就是按照这样的方式沿着神经纤维迅速向前传导的,犹如火焰沿着导火索蔓延一样,立即以很快的速度传遍整个神经纤维。

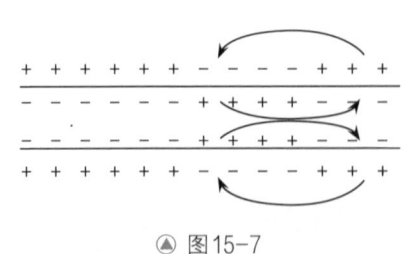

▲ 图15-7

第16讲

化学中的物理

化学学科侧重于研究物质的结构、组成和性能的关系,以及如何控制物质转化,而物理学则侧重于研究物质结构、物质相互作用和运动规律。物理和化学融合,可以更全面地认识世界,形成科学全面的世界观和价值体系。

初中化学中渗透物理知识能更好地理解化学实验,比如说把一个鸡蛋放入足量的盐酸溶液中,我们仔细观察的话,会发现鸡蛋一边沉到杯底,一边又慢慢上浮,同时还在冒出气泡。很多学生看到此现象后无法解释其中的原因,实际上这其中涉及了浮力以及物体的浮沉条件等物理知识,鸡蛋上产生的气泡为二氧化碳,大量的气泡产生之后导致物体排开液体体积$V_{排}$增大,进而导致向上的浮力大于重力,而只要鸡蛋慢慢露出水面,气泡就会破掉,那么此时$V_{排}$变小,重力又大于浮力,鸡蛋就会下沉。

在做高锰酸钾制取氧气的实验时,实验结束后为什么先移除导管再熄灭酒精灯?假设先熄灭酒精灯,会导致试管温度快速降低,使得试管内气体压强低于外界大气压,水槽中的水在大气压作用下被压回试管中,试管由于冷热不均,发生炸裂。

一、原电池

在初中阶段化学侧重的是电极反应、溶液成分变化、溶液中离子的定向移动以及电子流向、电流方向的定性判断,而物理侧重的是研究电流、电阻、电量、电功、输出电压等电学量。电池是高中阶段化学和物理两科都要研究的内容,其中化学主要研究电极反应、溶液中粒子的定向位移、溶液成分变化、电子流向、电流方向等。物理的研究主要集中在电流、电阻、电量、电功、输出电压等,通过介绍化学能转化为电能的方法,认识一次性电池(原电池)的工作原理。在了解原电池的过程中,需要了解构成电池的条件。如图16-1所示,在外部电路中,正电荷从电源的正极流到负极,电源可以保持稳定电流的原因是因为在电源内部发生非静电力,把正电荷"搬运"到正极。如果电源是一次性电池,则在电源内部发生氧化还原反应,因此电池内部必须能够自发地发生化学反应,并且负电极向外部电路提供电子。在电池的内部,两个电极浸入电解质溶液中,内部电路通过正负离子定向运动形成。原电池就是将化学能转化为电能的装置,通过将物理中的电流流向与原电池结合起来,有利于对电源知识的整体把握,易于区分电路中与原电池中电子的流向,更容易接受相关知识,激发学习兴趣。

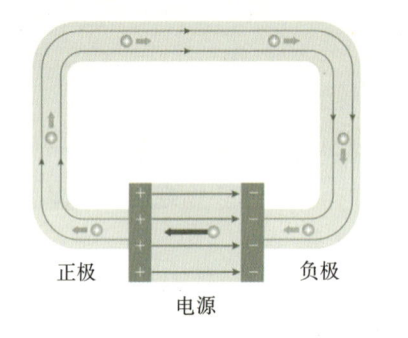

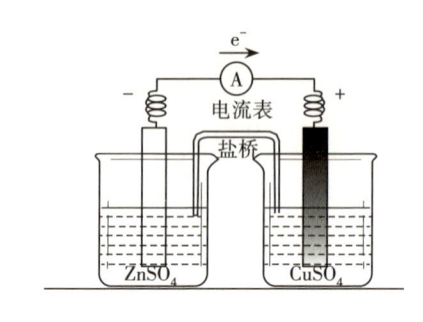

▲ 图16-1

二、原子结构与核反应问题

原子是化学和物理都会深入研究的对象,在具体的学习实践中基本上可以认为两科对原子组成的认识是相同的,只不过物理中的原子结构模型更加侧重于放射性、核反应类型及玻尔理论。在相对原子质量、元素的原子量、同位素问题上,化学科目的主要内容是对其含义的解释,要求能够掌握原子质量的定义,并能够在此基础上进行计算。在物理课程中对原子质量、元素的原子量和同位素问题的学习要求,主要包括了解其基本的概念、知道同位素核反应性质的不同以及同位素示踪的运用。

三、热力学问题

热力学问题在高中化学和物理中都占有较大的比例,其中化学中涉及的热力学问题主要有气体摩尔体积、阿伏伽德罗定律、反应热、燃烧热和生成热等。物理中的热力学问题主要涉及分子运动论、理想气体状态方程、热力学第一定律等包括分子动理论中的分子间距问题,气体化学反应与环境压强、温度之间的关系等。

四、化学变化与能量问题

1. 物质颜色的变化

许多化学实验活动都是根据反应物的物理现象来进行判断的,例如在苯酚溶液中加入浓溴水,会有白色的沉淀物生成,经过充分的震荡之后白色沉淀就会消失。在实验的第一阶段有白色的沉淀物生成说明苯酚与浓溴水发生了反应;在实验的第二阶段经过震荡后产生的白色沉淀物——三溴苯酚与过量的苯酚产生了溶解反应,溶解于苯酚溶液之中,在这一化学实验中实验物质的反应与否可通过物理现象反映出来;其后白色沉淀物的消失又证明了溶解反应的存在。在对化学物质的酸碱性进行鉴别的时候,主要是通过化学物质在酸碱指示剂中显示出的颜色来区分。

2. 反应能量的变化

化学课程中要求通过学习化学能与热能之间相互转化让学生理解化学反应中的能量变化,即放热和吸热的相关特点。学习这部分内容时,需要理解化学反应过程中"能量守恒"的思想。能量守恒定律指出,各种形式的能量都能够相互转化,比如燃料燃烧,一定产生热量,此时化学能转化为内能;在吸热反应过程中,内能转化为化学能。

化学反应往往会伴随有一些典型的物理现象,其中包括吸热、放热、发光等,在高中化学实验活动中很多趣味实验都是依据这一原理设计的,其中典型的是彩色烟火实验,用 4 g $KClO_3$、4 g $C_{12}H_{22}O_{11}$ 和 2 g $Sr(NO_3)_2$ 就可以制作红色烟火,用 6 g $KClO_3$、1.5 g 明矾、1.5 g K_2CO_3 就可以制作紫色烟火,在实验活动中加入不同的金属,其燃烧过程中就会产生不同的烟火特征。红色烟火的反应方程式为:

$$2KClO_3 \rightarrow 2KCl + 3O_2\uparrow$$

$$C_{12}H_{22}O_{11} + 12O_2 \rightarrow 12CO_2 + 11H_2O$$

$$4Sr(NO_3)_2 \rightarrow 4SrO + 8NO_2\uparrow + 2O_2\uparrow$$

五、化学计量单位在实验中的应用问题

"物质的量"是接触化学以来与化学密切联系的基本单位,是学习化学的基础,也是学生由初中到高中过渡阶段难以理解的知识点。初中已经学会了分子的本质,知道这些分子是肉眼看不到的小颗粒。物理教材中给出了用油膜法估测分子大小的方

法，通过粗略估算可以得出分子大小的数量级在 10^{-10} m，如此小的微粒，现实中无法用个数来衡量，只能用"一堆"来计量，为了方便，人们用"物质的量"来表示，它表示含有一定数目粒子的集合体。它的单位就是摩尔，国际上规定，1 mol 粒子集体所含的粒子数称为阿伏伽德罗常数。为了得到准确的阿伏伽德罗常数，科学工作者不断地用各种方法测量，于 1986 年用 X 射线测得阿伏伽德罗常数为 $N_A=6.0221367×10^{23}$ mol^{-1}。它是一个重要的常数，把宏观的摩尔质量、摩尔体积与粒子质量、大小等微观物理量联系起来。

阿伏伽德罗推论是学习气体摩尔体积之后的一个重要知识点，物理教科书根据气体的等温变化、等压变化和等容变化逐步推导出理想气体的状态方程。因为正比例和反比例函数大家已经熟悉，在描述阿伏伽德罗推论时，可以展示这三类图像（即 p-T、V-T、p-V 图），进一步推出：一定质量的气体，温度、体积和压强满足 $pV=nRT$。

通过以上的例子，不难发现化学和物理联系紧密，知识和思维都有相互融合的过程。在学习中，尝试用不同的学科思维去理解，将会更好地帮助我们拓宽思路。

第17讲

语文中的物理

古人从来就讲究"格物致知",因此不仅在大量典籍中记载对物理的探究和认知,而且一些谚语、俗语、诗词和寓言中也往往蕴含着大量物理知识。发掘语文中的物理内容,从物理的角度去"说文解字",别有一番趣味。

一、语文教学中的物理

在初高中语文教材中,选用了大量经典现代文、古诗文,其中有不少对自然现象的描绘、人文现象的观察,都蕴含着丰富而优美的物理知识。"火烤胸前暖,风吹背后寒",上句涉及热辐射,下句则与对流现象有关。"火烤胸前",胸前的空气必然受热膨胀上升,而冷空气也必然从四周(背后)流过来补充,"风吹背后",则为必然。同样是辐射和对流,"冬天麦盖三层被,来年枕着馒头睡"则从另一个角度做出了诠释。厚厚的雪层,除了增湿、保湿的作用外,其间还充斥着大量的空气,从传导、对流和辐射上来说,尽量避免地热的散失,使麦苗能够避免冻害,休养生息,为回春之后的生长聚集养分。在农业上,还有"锄下三分雨"的说法。锄地时,切断了土壤中间的毛细管,避免了地下水分通过毛细管直接传至地面而散失。

许多歇后语也表现出物理与语文的关系。"响鼓还得重锤敲",响度和振幅有关。鼓虽好鼓,但若无重锤,振幅便不会太大,其响度必然有限。一旦做出了更大的成绩,就会有人称赞:纳鞋底不使锥子——真(针)好!"鞋底"很厚,若想穿过必须有很大的压强。若果然能不用锥子,自然说明针很好。但可以想象,若手上没有"顶针",则手恐怕就受不了了。

有一个成语叫"如履薄冰",形容压强之大,几欲超出"薄冰"的承受能力,故不免心怀惴惴、小心翼翼地缓慢前行。还有一个成语叫"千钧一发",用一根毛发吊着重达"千钧"的物体。毛发之极细,张力之极大,情势之危急,跃然纸上。而在西西里的叙拉古,则用一根马鬃吊着达摩克利斯之剑,以此形象地说明人在其下的危险性。达摩克利斯之剑下方坐着的,是叙拉古国王狄奥尼修斯。国王的地位非常高,所以也充满危机。俗话说:"站得高,摔得痛。"站得高,具有较大的重力势能,掉下来时,就会转化为更多的动能,有更大的速度,与地面碰撞时,会做更多的功,受更大的力,所以"摔得痛"。

二、语文高考试题中的物理

例:在"基本粒子"的大家族中,有一种叫中微子,它那穿山过海,敢于与光速较量的神奇本领和不费吹灰之力穿过地球的拿手好戏,极大地触发了科学家们应用研究的灵感,于是,中微子通信的设想脱颖而出了,这是一种用中微子束来代替电磁波传递信息的无线通信方式,它可以冲破电磁波通信不可逾越的水下和地下这两大禁区,实现全球无线通信:它保密性好,传递信息快,不受外界干扰,对人体无害。而这些优点是其他通信方式无法比拟的。

中微子通信过程和微波通信相似,有发射和接收装置。通信时,发射端首先用高能质子加速器,将质子加速到几千亿电子伏特的能量,然后去轰击一块金属靶子,此时,靶子的背面就会产生许多"短命"的介子,这些介子一边运动,一边发生衰变,从而变成中微子和μ子。再让它们共同穿过钢板。这时μ子被钢板阻挡并衰变了,剩下的就是纯净的中微子束,然后,再用信号对它进行调制。接收者通过磁场控制载有信息的中微子束,使之按人的旨意朝一定方向传向目标。

接收端是一个贮有近亿吨水的大水箱,箱内的光探测器星罗棋布。当发射来的中微子束在水中穿过时,就会与原子核中的中子发生核反应而生成μ子,μ子在水中高速前进,受到核的减速作用放出光子,这些光子进而被水中的光探测器接收,即可把原来中微子束所携带的信息解调出来,从而达到通信的目的。

22.从原文的意思来看,下列对中子通信和电磁波通信的判断,正确的一项是
( )。

A.它们的通信过程,传递路线和装置是基本相同的

B.中微子穿透力强,金属板对它也不会产生阻碍

C.中微子能冲破水下和地下两大禁区,是目前世界上最先进的应用通信方式

D.中微子通信和电磁波通信都是用光来传输信息的

23.示意图17-1中传输路线上用号码标出了十个位置。下列说法正确的一项是( )。

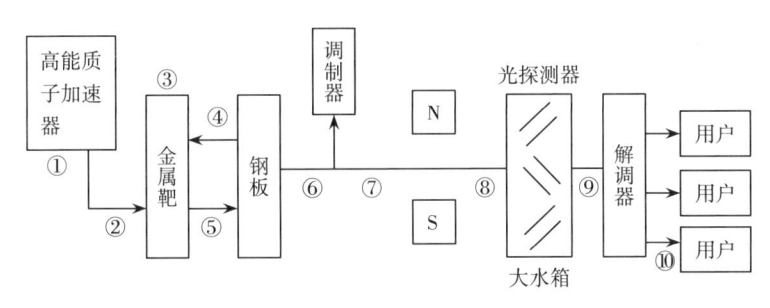

▲图17-1

A.在中微子无线通信过程中⑧应是传导距离最长的一段

B.从⑥开始,"身怀绝技"的中微子便开始出现了

C.通过①②两处的,是达到几千亿电子伏特能量的质子

D.在③处产生的介子,到④或⑤时变成了μ子;到⑨和⑩处,μ子又重新传递信息

24.在大水箱内,接着中微子束传输信息的依次是( )。

A.μ子—光子—中微子　　　　B.中子—μ子—光子

C.μ子—光子　　　　　　　　D.原子核—中子—μ子—光子

25.下列对中微子通信理解不正确的一项是( )。

A.解调器是用来还原信息的装置

B.中微子通信的始端和终端都利用了核物理原理及其技术

C.经过磁场之后的中微子才成为束状并具有定向性

D.中微子通信利用了基本粒子的某些特性,是一种采用高新技术的无线通信方式

在这套高考语文试卷中,第22~25题是阅读一篇关于中微子通信设想的文章,然后根据题意答题,在短短约600字的文字叙述中,出现了中微子、质子、介子、μ子、中子、光子等微观粒子,调制、解调等物理名词。高速质子轰击金属靶产生介子,介子衰变,中微子与原子核中的中子发生核反应生成μ子,μ子在水中前进,受到核的减速作用放出光子等一系列核反应,都是原子物理的内容。

所提四个问题均是考查学生对中微子通信过程中中微子的产生、调制、传播、接收、解调以达到通信目的的物理过程的理解程度,涉及的语文基础知识甚少。如果单

看题目,谁能说这不是物理题呢?语文学科中渗透物理知识的情况非常广泛,只要留心,总能发现。高考试题中以物理知识考查语文,足以体现出物理知识在学习生活中的重要性。

三、语文、物理学科思维相融

对于物理老师来说,物理学是一门很迷人的学科,但学生却不这样想,绝大多数学生都认为物理就是一些干巴巴的公式加上了无生趣的题海。但是只要提到语文,就不禁会联想华丽的辞藻、美好的意境,以及优美的诗句。因此,语文和物理一向被认为是"背道而驰"的两门学科。事实上,虽然在思维上有很大区别,但其实语文和物理仍然有着许多相通之处,只要老师能将两者巧妙结合,重新对课堂情境进行精心设置,使物理课堂也充满文学色彩,使语文课堂也洋溢理性思维,何乐而不为呢?

语文课本虽然很少涉及物理内容,但物理题中的具体现象和数量关系,几乎都是凭借语言文字来呈现的。同时,大量的物理概念、定律,也都是由语言文字构成的,想要理解透彻题目含义,就必须借助语文的帮助,我们常常会发现,学生的语文修养越高,对物理题的理解就会越好。

物理规律可以通过实验、经验、推理、计算等方法来验证,对于那些难以说清楚又不要求深入论证的问题,我们可以换一种思路,比如可以用语文中的资料来印证,看学生会不会更容易接受。因为很多语文资料的权威性和代表性,在学生心目中是不容置疑的,这样一来,就避免了烦琐的论证和计算,消除了学生对物理的恐惧心理。

当然在语文中也常包含一些物理的内容和方法,其中反映的物理现象,以及运用的观察、分析和联想方法,能很好地帮助学生理解教材。同样的,学生从物理中所获得的科学知识,会使得学生有更好的理解能力,而在物理学习中训练的科学思维,也反作用于语文中的逻辑思考。

高考物理压轴题通常题干非常长,若是语文阅读水平不够,理解能力不足,甚至都弄不懂题目的内容。例如,位置与位移、时间与时刻、n秒内与第n秒、速度和与速率、变化量与变化率、电功率与热功率等,这些物理名词虽然只有一字之差,但物理含义则相差甚远。

爱因斯坦认为:想象力比知识更重要,因为知识是有限的,而想象力概括着世界上的一切,推动着社会的进步,并且是知识进化的源泉。很多在物理领域卓有成就的伟大学者,他们往往在文学上也有很高的造诣。因此我们不仅要学物理,还要用语文学习的思维来升华它。

第18讲

体育和音乐中的物理

一、物理在体育中的渗透

很多人可能觉得物理与艺术并没有什么关系,其实物理和艺术密不可分,比如体育、音乐等都与物理息息相关。

物理与体育的关系非常密切,比如运用物理知识可以提高球类运动员投篮的准确性,可以帮助田径运动员跑得更快,跳高运动员跳得更高,跳远运动员跳得更远,可以帮助体操运动员完成高难度动作……

如图18-1所示,乒乓球运动中,运动员发出一个旋转球,那么旋转球究竟是如何产生的呢?就拿上旋球来说,要想让球产生向上的旋转,就需要在球接触球拍的瞬间给球施加一个向上的力,这样乒乓球在弹力、摩擦力、重力三种力的合力作用下,使其发生逆时针的旋转。当上旋球在空中运动的时候,因为旋转的速度比较快,周围的空气也会被球带动。上旋球是逆时针转动的,所以空气阻力的方向就是顺时针,这时球体上部的空气为逆时针

▲ 图18-1

旋转,导致球体上方空气流速变小,而下方的空气流速变大,所以球体上面的压强大,下方的压强小,上下有一个压强差,球就会受到向下的合力作用。在该作用力和重力的共同作用下,就形成了明显的弧线,感觉球像砸向球台一样。

跳高也与物理知识密不可分,常见的跳高方式就是背越式,如图18-2所示。背越式跳高的技巧里面包含了很多物理知识。要想越过杆,运动员就需要跳到一定高度

且有一定的助跑距离,这就要考虑腾空时间和起跳时的初速度了。在腾空时间一定时,初速度竖直分量越大,就可以跳得越高。而初速度竖直分量又是由人蹬地的竖直分力决定的。起跳角度越大会增大竖直分力,可以跳得更高,但同时会减少水平分力,那么跳跃水平距离就会减少,无法完成跳高。如果起跳角度越小,水平分力就会变大,人就会跳得更远,也就是水平距离达到了,但是竖直分力就会减少,跳的高度就达不到,可能会触杆,因此就必须选一个合适的起跳角度。从能量方面分析,起跳角度越大,体内释放的能量更多转化为竖直方向的势能,因为总能量守恒,所以会导致水平方向上的动能不足,水平距离不够。起跳角度较小时,人体释放出来的能量更多地转化为水平向前的动能,所以竖直方向势能减少,也就减少了高度,自然无法越杆。

▲ 图18-2

立定跳远要想跳得更远就需要身体的各个部位与动作配合得当,以便于获得最大的起跳速度和力量。比如起跳的时候如果加上合理的摆动在一定程度上就可以跳得更远。这是为什么呢?因为立定跳远的距离取决于运动员的腾空时间和水平初速度。而合理摆臂就有助于增大合外力,就可以增大起跳时的初速度,自然就可以跳得远一些。

二、体育类物理试题分析

1.速度

例1:(青海试题)在盐湖城冬奥会女子500 m短道速滑比赛中,我国选手杨扬用最短的时间到达终点,为中国队获得第一枚冬奥会金牌。这里是用的_____方法比较运动员速度大小的。

答案:相同路程比较时间。

解析:500 m短道速滑,路程是一定的,相同路程比较时间,时间越短,速度就越大。

2.力

例2:(江西试题)踢足球时脚对足球施加力的同时,脚也感到痛,这现象说明物体间力的作用是_____的,使脚感到痛的施力物是_____。

答案:相互,足球。

解析:踢足球时脚给足球一个力的作用,同时脚感到痛说明脚也受到了力的作用,这个力是足球给脚的,说明力的作用是相互的。

例3:(乌鲁木齐试题)运动员掷出的铅球在空中做曲线运动,铅球的受力情况是(　　)。

A.铅球受惯性作用　　　　　　　B.铅球受平衡力作用

C.铅球受推力的作用　　　　　　D.铅球受重力作用

答案:D

解析:惯性不是力,不能说受到惯性作用,所以A选项错误。铅球在空中做曲线运动,所以铅球不处于平衡态,因此没有受到平衡力,所以B选项是错误的。铅球在空中运动的时候,受到重力并没有受到推力,判断物体是否受到力的作用时,可以先找施力物体,铅球在空中运动的时候并没有物体来施加这个推力,所以C选项错误,选择D选项。

例4:(陕西试题)体育课有爬绳和爬杆两种运动。某同学先后以相同的姿势顺着绳子和杆匀速向上爬(　　)。

A.爬绳时受到的摩擦力较大,因为绳子粗糙

B.爬杆时受到的摩擦力较大,因为爬杆时手握杆的力要大些

C.爬绳与爬杆时,受到的摩擦力一样大

D.若爬绳和爬杆的速度不一样,则速度大的摩擦力大

答案:C

解析:"某同学先后以相同的姿势顺着绳子和杆匀速向上爬",其中"匀速"就说明两次向上爬的时候是受力平衡的。在向上爬的过程中这个同学受到竖直向下的重力和竖直向上的摩擦力,并且大小是相等的。不管是爬绳还是爬杆受力情况是一样的,两次的摩擦力都等于重力,因此两次的摩擦力是一样大的。所以选择C选项。大多数同学错误的原因是认为爬绳和爬杆过程中受到的是滑动摩擦力,其实是静摩擦力。

例5:(江苏试题)跳伞运动员连同装备共重700 N,他在飞机上跳下,伞未打开前,受到的空气阻力为50 N,这两个力的合力大小为_____N,合力方向是_____。

答案:650,竖直向下。

解析:对跳伞运动员连同装备整体分析。整体就受到竖直向下700 N的重力以及

竖直向上50 N的空气阻力,两个力的方向是相反的,求合力就是二力相减,方向和较大力的方向保持一致。

3.惯性

例6:(青海试题)跳远运动员都是先跑一段距离后才起跳,这是为了(　　)。

A.增大惯性,因为速度越大,惯性越大

B.利用惯性,使自己跳得更远些

C.因为跑起来以后,没有惯性

D.减小惯性,因为速度越大惯性越小

答案:B

解析:惯性是物体的一种固有属性,只要有质量就有惯性。所以C选项错误。惯性只与质量的大小有关,与速度的大小没有关系,所以A、D选项错误。运动先跑一段距离才起跳就是利用惯性,因此选择B选项。

4.机械能

例7:(昆明试题)高台跳水运动员在跳离高台落向水面的过程中,他的_____能逐渐减少,_____能逐渐增加。

答案:势,动。

解析:动能与质量和速度有关,势能与高度和质量有关。运动员跳离高台,随着下落的过程,速度越来越大,高度越来越小,质量是不变的。所以动能越来越大,势能越来越小。

三、物理在音乐里的渗透

由于物理学科的一些基础知识比如声音、频率等与音乐直接相关,物理学知识可以说是音乐中不可缺少的一部分。随着现代科学技术的发展,音乐学已经不再局限于研究乐器的发声机制,而是成为一门跨越物理、电子、计算机等的综合学科。

众所周知,不同乐器能够演奏出不一样的优美音乐,那么我们是怎么通过音乐来判断是哪一种乐器呢?因为不同的乐器,音色是各不相同的,根据音色的不同,我们自然可以判断出是吉他演奏还是架子鼓演奏。

不同乐器的发声原理也是不一样的。

击打类乐器比如架子鼓等，如图18-3所示，鼓面受到的外力越大，振幅越大。而振幅主要影响声音的响度，也就是此时架子鼓发出的声音就越大。

弦乐器比如小提琴的主要发声原理是弦的振动，如图18-4所示，弦的粗细长短都会影响发出声音的特点。如果弦比较细，且绷得很紧，那么乐器发出的音调就比较高；如果弦粗且比较松弛，则乐器发出的音调就比较低。弦的振幅还会影响声音的响度，所以吉他、小提琴的木制共鸣箱就是为了增强音量。

管乐器比如长笛的发声原理就是利用笛中空气柱的振动，按到不同的孔位，就会形成不同长度的空气柱，若空气柱越长，则音调越低，反之则音调越高。

▲ 图18-3

▲ 图18-4

四、物理与艺术思维相融

物理是研究物质运动的一般规律和物质基本结构的学科，是对自然与生活的表达，也是对大千世界的一种探索与追求，而艺术是对大千世界的一种情感体会。从前面的例子中就可以看出物理与艺术之间联系密切，思维相融。像画家运用色调，雕刻家利用石膏，音乐家通过音符来表达自己的见解和感受一样，科学家们似乎是通过周围运动物体的规律、公式和定理来表现自己高水平的美感的。

艺术与物理思维融合，在艺术和物理学中同时获取有关自然、生活的观点，能使人们对自然、生活有更高层次的认识和理解。比如"坐地日行八万里，巡天遥看一千河"表达了艺术家的情怀，抒发了他们内心最真实的情感，而物理则可以给出专业的解读，选择不同参考系从物体运动角度进行分析。

1543年，哥白尼出版《天体运行论》。按史莱因的观点，日心说从根本上脱胎于艺术家选定观察位置。伽利略通过观察支持哥白尼的学说，进而提出惯性参考系、绝对静止概念。"前有艺术中观察透视画法作品，观者需处于一个绝对静止状态，后有物理学中绝对静止点。"史莱因提醒说这是艺术与物理的有趣并行。

附录一

常用物理思维方法

物理学有着悠久的历史,从它的出现到如今比较完整的体系,其逐步形成了一套完善的思维方法。物理发展过程中的思维方法众多,本书仅选取在物理科学上最有影响,中学物理衔接中最为常见的思维方法,依据《物理思维方法》以及《中学生物理思维方法》等相关书籍把宽泛意义上的常用物理思维方法分为以下几大类:分析与综合法、归纳与演绎法、守恒法、图示与图像法、模型法、等效法、对称法、分割与积累法、猜想与假设法、类比法、求异法。

1. 分析与综合法

恩格斯认为:一个果核的剖开已经是分析的开端。在希腊文中,"分析"的词义是"拆成部分"和"松开、展开、解开"的意思。

所谓物理分析,就是把研究对象分解成组成它的各个部分,然后分别对各个部分加以研究的一种方法。例如在物理学中,当我们研究连接体的运动时,常常采用"隔离法",把连接体中某一物体"隔离"出来单独研究,列出受力或者运动方程。对于许多综合复杂的过程性问题,需要将过程划分为几个阶段,分别加以研究,物理分析方法的思维过程是从整体到局部。

把事物的各部分分解开来进行分析不是一种目的而是一种手段,切开、分解开来的目的是了解各个部分、要素之间的内在联系。在分析各部分因素的基础之上,应该还要把各部分连接为一个整体来研究,这就是所谓的综合。综合就是把研究对象的各部分联系起来,从而在整体上把握事物本质和规律的一种思维方法。简单来说,分析就是从整体到部分的思维方法,综合则是从部分到整体的思维方法。综合不是简单地将各个部分分析的结果相加起来,而是通过各部分之间的联系达到整体理解的效果。

分析是综合的基础,综合必须依据分析,物理认识的过程就是分析与综合交替使用的过程。

2.归纳与演绎法

就人类认识的顺序而言,总是由认识个别的特殊事物,逐步扩大到认识一般事物。实际上,这就是一个归纳思维的过程。像这种从个别事实出发推导出具有普遍性结论的方法叫归纳法。

归纳法就是从个别事实中概括出具有代表性、普适性结论的一种思维推理方法。在实际运用归纳法的时候,一般分为以下三个基本步骤。

第一步,搜集材料。从物理学史来看,一般搜集的信息材料越丰富,得到的结论就越可靠。

第二步,整理材料。在纷繁复杂的材料中整理出头绪,多采取实验与观察的手段。

第三步,抽象概括。通过对材料的分析、比较,剔除一些非本质因素,把事物的最本质规律展示出来。

演绎法恰恰和归纳法相反,它是从普遍到特殊的思维方法。把作为出发点的一般性判断称之为大前提,作为演绎中介的判断称之为小前提,基于大前提和小前提得出的结论称为演绎结论。演绎推理方法主要是由大前提、小前提、演绎结论三部分组成。中微子的发现便是典型的演绎推理法的应用之一。1914年,科学家们发现在 β 衰变过程中能量总有某些程度上的损失,这就导致了一个问题,要么放弃能量守恒定律,要么在衰变过程中还有未发现的粒子。在坚信能量守恒的基础上,泡利找到了衰变过程中除了电子以外还放出了其他不为人知的粒子,是这种粒子带走了能量,费米在泡利的建议上将这种粒子定义为中微子。由此可见,中微子的发现便很好地证明了能量守恒定律,也是进行演绎推理的结果。这个演绎推理的大前提是"一切物质运动变化中能量守恒",小前提是"β 衰变是一种物质变化",演绎结论是"β 衰变也是能量守恒"。

总的来说,归纳与演绎既有联系又有区别,归纳是从特殊到普遍,演绎是从普遍到特殊。演绎是以普遍性的判断为大前提的,而普遍性的判断归根结底是依赖归纳法得到的。

3. 守恒法

在不断发生运动的物质世界中，对于某一个系统中所含的某个物理量的总量在一定的条件下可以保持不变，这就是守恒。守恒在预言新事物、解释新现象、指导新理论、启迪新发明、开发新能源等领域有着强大应用价值。中学物理中的守恒主要包括机械能守恒、能量守恒、动量守恒、电荷守恒以及质量守恒等。

4. 图示与图像法

图示与图像是基于图形有益于人们研究和分析问题的一种思维方法，是动与静、抽象与形象、数与形、数学与物理相结合的产物，具有简明、形象、实用、直观等一系列优点，在物理学中常运用于展示实验结果、表达物理规律或者概念、描述物理过程或者现象等。图示与图像法是用简短的标记将一些物理概念或者物理规则表示出来的一种思维方法，如力的图示与图像是通过笛卡尔坐标系把两个具有联系的变量通过图像的形式展现出来的，图像中的一些具体几何性质往往与一些物理量有关，例如图像的斜率、图像与横轴围成的面积等。常见的物理图示包括力的示意图、平行四边形定则、力的合成与分解等，物理图像类型比较丰富，常见的有匀变速直线运动图像、机械振动图像、物理量之间的函数图像等。

5. 模型法

理想化模型是依据人们的抽象能力和想象能力采用纯粹化和理想化的方法创造出能再现原型的内在本质的一种模型。模型在科学中具有广泛的应用，可用于简化和纯化事物原型、建立或证明物理理论、指出方向和做出预见、做出合理估算等。

中学物理中常涉及的模型主要有四类：对象模型、条件模型、过程模型、数学模型。对象模型是指用来代替由具体物质组成的研究对象，这类模型在中学物理中常见，比如质点、杠杆、弹簧振子、单摆等。条件模型是指将研究对象的外部条件进行理想化，去掉次要影响因素，从而建立起的模型，如光滑的斜面、轻绳、均匀介质、匀强电场、匀强磁场、不计重力的粒子等。过程模型是指把复杂的物理过程简单化、纯粹化之后得到易于理解的模型，如匀速直线运动、匀速圆周运动、碰撞、等压、等温、简谐振动等。数学模型是把物理研究对象的运动过程和运动状态、物理规律等用数学语言表达出来的模型，如矢量模型、平均值模型等。

6. 等效法

等效是指不同的物理现象或过程在物理意义或作用效果方面是等同的，是物理学常用的一种思维方法。等效替代是将复杂的物理事物转化为等效的、简单的、易于研究的物理事物,主要包括模型等效替代、过程等效替代、作用等效替代、测量等效替代四种。

模型等效替代有三种形式:①用理想模型代替实际物体,如单摆、理想小磁针、点电荷等;②用实物模型代替实际物体,如用发电机模型模拟实际发电机的工作运转过程;③用理论模型描述研究对象,如用壳层模型、液体模型、气体模型代替原子核。

过程等效替代是用简单的过程代替复杂的过程,主要表现在两个方面:一是用理想过程等效代替实际过程,如把气体质量变化的过程等效为气体质量不变的过程;二是把复杂的过程用一种或几种简单的过程代替,如分析曲线运动时可以"化曲为直",把曲线运动分解成几个直线运动,从而使问题简化。

作用等效替代是在不同事物产生的相同物理效应的基础上研究事物的性质,如分力与合力,几个人分别用力推动一个箱子与一个大力士用力推动箱子的效果一样,就可以用一个大力士的合力等效替代几个人分别用的力,或者几个人分别用的力也可以用一个大力士的合力来替代。

测量等效替代的思想也可以用于测量某一物理量,比如广为流传的"曹冲称象",此外还有用排水法测不规则物体的体积,用等量替代测未知电阻。在设计探索性实验时,测量等效替代可发挥重要作用。

7.对称法

对称是指具有良好的比例、良好的平衡、体现着整体与部分的协调性。在物理学中,对称性主要体现在物理现象的时间和空间性质的描述上。在物理中有着广泛的运用,例如电与磁、实物粒子与物质波、电子与正电子、正负电荷等。中学中常见的对称有镜像对称、中心对称、图像对称等。

镜像对称是指与物体在平面镜中的像有相同特点的对称性,这是人们最熟知、最普遍、最简单的一种对称性,常见的运用有平面镜成像、球的反射、镜像法、声音的反射等。

中心对称是指对某一点具有的对称性。物理学中运动过程左右或上下的对称,称作分列式分布中心对称,主要有简谐振动、双缝干涉条纹分布、单缝衍射条纹分布等。以圆为其特征的对称分布,称作为辐射形式的中心对称,包括圆周运动、引力作用的空间对称、物质分布的空间对称、电磁场的分布等。

物理图像反映的是一个物理量随着另一个物理量变化的关系,图像的对称性实际上是指这种变量之间关系的对称性,如理想情况下上抛运动与自由落体运动的速度与时间图像的对称性、弹簧的弹性势能与弹簧的改变量图像的对称性以及带电粒子在磁场运动轨迹所表现出来的对称性等。

8.分割与积累法

物理学中分割积累是指将不均匀的研究对象或运动过程细分为若干单元,在这个极小的单元上,可以把原来的变量(不均匀)看成恒量,然后把每一个恒量细分单元产生的效应(效果)积累起来。在人类文明的历史中很早就出现了分割与积累的应用,刘徽的割圆术的成功就证明了分割与积累思维的科学地位,牛顿和莱布尼茨微积分的创立也一样说明它的重要。分割积累在物理学上有着广泛的运用,它的意义在于可以越过不均匀变化的困难,然后根据基本的物理规律直接进行处理。分割与积累的思想有力地推动着科学事业的发展,并帮助建立了经典物理学大厦。

中学物理常见的分割有均匀分割、不均匀分割、微小量分割(微元法)。均匀分割是指被分割的各微小单元均匀分布(具有一致的物理特性),这种均匀性一般是由物质的本质所决定的,譬如游标卡尺的刻度、电压表与电流表的刻度等。不均匀分割是指被分割的各微小单元不均匀分布(不具有一致的物理特性)。这种表现出来的随意性其实也不是天马行空的,比如进行隔离法分析的时候是根据系统的本质所决定的,不是随意隔离的;欧姆表的电阻挡的刻度明显不是均匀变化的,这是由于某个物理量不随时间呈线性变化所决定的。微小量分割(微元法)是指采用细分单元后分析和研究问题的方法。细分单元可以是针对某一个研究对象,诸如长度元、面积元、体积元、角度元、质量元、电荷元等,也可以是针对某一个物理过程,如细分为时间元、位移元、速度元、温度元等。这样就可以把原来的线电荷看成点电荷,曲线看成直线,变量看成恒量。

微元法在物理学中有着广泛的运用,应用微元法分析研究问题,一般的基本步骤为:(1)明确研究对象的特点或变量的函数关系,对其进行微小分割;(2)以分割的微元为研究对象,选用适当的物理规律得出相关的结果;(3)根据微元与整体的关系,确定整体所遵循的规律或者问题所要求的结果。

分割与积累的思想方法在中学物理学习中有着十分深远的意义,可以用来研究整体与各个部分、部分与其他部分的关系,清晰地反映出不均匀变化的过程,实现了从无限到有限的平稳过渡,为物理概念的提出、物理规律的推导、物理实验的解释说明、深层次的物理问题探究等提供了强有力的思想武器。

9.猜想与假设法

猜想与假设是指人们基于一定的经验材料和事实为依据,或者是在已有的科学理论和技术指导下,对未知事物或者现象的原因和规律进行有一定推测性或假设性的说明。

(1)类比推理法。自然中很多的现象都具有类似性,人们常通过类比的方法将未知的事物与已知的事物进行比较与分析,进而从中得到启迪提出猜想,比如库仑提出的库仑定律是在万有引力的类比下提出的。

(2)演绎推理法。演绎推理法是指将具有一般性的结论推广到特殊的情况中去,并且做出猜想与假设的方法,前文提到过的中微子的发现便是一个例子。

(3)经验公式法。依据已存在实验数据,通过数学处理提出的猜想与假设结论,例如普朗克运用内插法解决黑体辐射和巴尔末公式就是这一方法的有力证实。

(4)直觉思维法。直觉也称为灵感,就是大脑在某一个不经意间突然出现的对问题独创性的解决办法或思路。当然这种灵感不是凭空而来,而是对问题通过长期的冥思苦想后积累起来的结果。阿基米德曾经鉴别皇冠的时候喊出的"尤里卡,尤里卡",这便是一种直觉思维的表现。

上述提到的几种方法并不能代表所有的猜想与假设,譬如还有对称猜想假设、因果猜想假设等。其实这些方法也不能绝对区别开来,它们是互相影响互相渗透的。其中与中学结合比较紧密的猜想与假设方法包括物理条件的假设、矢量方向的假设、物理过程的假设、临界状态的假设、极端情况的假设等。

10.类比法

类比法是基于比较法,通过联想把熟悉的、通常的事物与未知的、异常的事物进行对比,依据两者事物在某一属性方面存在相似的关系,从熟悉事物的某种"信号"推出未知事物也具有类似"信号"的一种研究方法。类比的基本环节包括以下几种。

(1)选择类比对象

类比是基于两个对象的比较,根据研究的目的,从功能特征、因果关联等相似之处出发,选择熟悉的事物作为对比对象。

(2)进行类比推理

进行类比推理等价于比较、联想。其一般公式如下:

对象P有属性：a,b,c,d,

对象Q有属性：a´,b´,c´,

推理：对象Q很可能有属性d´。

11. 求异法

一般来说，凡是与常规思维不同的过程都属于求异的范围。不少伟大的划时代科学发现，往往都不是按旧的思想体系和一般的逻辑推理方法所获得的。特别是当研究很久且各种方法都试过仍无希望时，更要打破常规，另创新路。"打破常规，另创新路"就是对求异思维形式和方法的高度概括。求异思维是指对某一研究对象通过多起点、多方位、多层次、多结局的思考和分析，寻求解决问题的一种思维方法，它不落俗套，敢于标新立异，是创造发明中的一个宝贵的要素。求异法中典型又独特的方法主要有逆向、转换、克弱、反常、发散等。

逆向思维最通俗的解释就是"反过来想"，它主要有两层含义：①为达到目标，将人们通常思考问题的思路反转过来，以反常规现象或反常规解决问题的思路为前提，去寻找新方法；②对常见的现象与事实进行反向的思考与探究，从中发现新的研究线索。在物理学习中主要体现在反向设问和公式变形。

转换角度就是用原来的思维角度考虑问题已经无法解决问题时，转换一个角度，让问题得以解决。实际使用时，有的问题只需转换一次角度，有的问题可能需要转换多次角度。在物理学习中，对同一研究对象或者过程，从不同的角度去思考，可以认识得更加深刻。比如火车进站滑行，分别可以用牛顿第二定律结合运动学、动量定理、动能定理等不同规律去求解，还可以用图像方法求解。

克弱求异就是以寻找事物的弱点作为新的研究和思维的起点，在弥补或克服弱点的过程中，常常会给人以新的启发，帮助人们取得新的发现。

反常求异的运用不如其他形式普遍，但却是求异思维中不可忽视的。它可以让我们认识到物质世界的丰富多彩，特别是一些"另类"事物更是发展思维独立性的重要契机。

发散联想既可以从多方面多角度去思考，也可以从某一思维起点出发进行辐射。它具有变通性和独特性，不受常规的束缚，也具有联动性和跨越性，常常出乎意料地跨越学科界限，把看似不相关的事物联系起来。在物理学习中，"一题多解"就是发散联想的表现。

附录二

中学物理力学知识内容与对应思维方法

物理知识内容	运用的物理思维方法
质点	模型法、假设法
坐标系	等效法、图像法
时间、时刻、时间间隔	比较法、分析法、图示法
位移和路程	比较法、图示法
矢量和标量	图示法、等效法
匀速直线运动的概念	模型法、分析法、归纳法
速度	比值法、图像法
匀速直线运动的图像	图像法、等效法、模型法
平均速度与瞬时速度	分割法、积累法、分析法、图像法
加速度	比值法、分析法、图像法
匀变速直线运动	演绎法、图像法、分割与积累法、分析法
自由落体运动	分析与综合法、猜想、演绎法
运动的合成与分解	图示法、等效法
平抛运动	等效法、演绎法、图像法
曲线运动的线速度、角速度与加速度	图示法、极限法、分析法
匀速圆周运动	图示法、分析与综合法
牛顿第一定律	模型法
力的概念	归纳法
惯性	分析法
加速度与力的关系	抽象法、概括法
牛顿第二定律公式推导	综合法

续表

物理知识内容	运用的物理思维方法
牛顿第三定律	对称法、抽象法、概括法
开普勒三大定律	归纳法
万有引力定律	猜想法、分析法
重力与引力的关系	等效法、分析法
弹性形变	假设法
压力	分析法
胡克定律	归纳法
静摩擦力与滑动摩擦力	归纳法、比较法、分析法
牛顿运动定律在质点动力学中运用	分析与综合法、模型法
惯性力、非惯性系	假设法、等效法、对称法
功	等效法、分析与综合法、分割与积累法
功率	极限法
动能和动能定理	分析法、归纳法
重力势能	分析法、归纳法
弹性势能	分割与积累法、分析法、归纳法、等效法
机械能守恒定律	守恒法、归纳法
动量	归纳法
动量定理	等效法、分割与积累法、分析法、演绎法
动量守恒定律	模型法、分析与综合法、守恒法、等效法
碰撞、反冲	分析法、演绎法、模型法
简谐振动的概念及表达式	归纳法、模型法、演绎法、分析法
简谐振动的图像	图像法、演绎法
单摆	模型法
阻尼振动、受迫振动、共振	归纳法、图像法
机械波	等效法、归纳法

参考文献

[1]阿茹娜.高中化学中渗透相关物理知识的教学实践研究[D].呼和浩特:内蒙古师范大学,2019.

[2]李金宝.中学化学实验中物理知识凸现状况的研究[D].兰州:西北师范大学,2006.

[3]王玉攀.初中化学、物理、生物交融性教学的研究[D].扬州:扬州大学,2011.

[4]李莹.STEAM视角下初中生物教学设计研究[D].济南:山东师范大学,2019.

[5]苏瑞.高中生物与其他学科交叉渗透的教学实践研究[D].延安:延安大学,2017.

[6]张珍.生命科学史视野下生物与物理学科交叉的教学研究[D].石河子:石河子大学,2019.

[7]周卫.物理模型构建在初中生物教学中的应用研究[D].黄冈:黄冈师范学院,2019.

[8]陶丽萍.中学生物教学物理模型设计[D].济南:山东师范大学,2013.

[9]严雪琴.新课标下高中物理与相关学科内容的衔接与整合[D].苏州:苏州大学,2010.

[10]王俊.高中学生物理奥林匹克竞赛的思维方法研究[D].武汉:华中师范大学,2016.

[11]严娇.高中物理竞赛力学部分对思维方法培养的研究[D].长沙:湖南师范大学,2011.

[12]付兴锋.运用原始问题促进中学生物理思维品质发展的研究[D].北京:首都师范大学,2007.

[13]许亮.初中到高中的物理教学衔接策略研究[D].济南:山东师范大学.2009.

[14]欧阳芬.数学图像法在高一物理教学中的应用研究[D].南昌:江西师范大学.2016.

[15]陈静芳.高中生物教学中渗透物理知识的实践与思考[J].中国教育技术装备,2016(13):91-93.

[16]宋会华.语文中的物理[J].现代物理知识,2008(1):66-67.

[17]孙凯慧,徐玉太.语文高考中考物理题的启示[J].物理教师,1992(12):15-16.

[18]胡君芬.学科相融 文理相长——谈高中物理教学过程中语文与物理的"合作教学"[J].物理教师,2008,29(5):1-2+6.

[19]任念兵.在数学教学中实践数理结合的几点做法[J].数学通报,2007,46(7):16-19.

[20]岳明阳,李德安.例谈数学中的物理方法[J].福建中学数学,2020(2):47-49.

[21]张丹丹,姬大楠.物理视角下数学高考试题解析[J].湖南中学物理,2020(1):86-87+81.

[22]吴素香.多学科交叉在高中物理教学中的作用[J].课程教育研究,2019(8):138-139.

[23]林玲.高中化学知识在物理中的应用[J].科学咨询,2019(11):145.

[24]张北春."体育"类中考物理题赏析[J].数理化学习(初中版),2009(7):51-52.

[25]丁明文.归纳法在物理教学中的应用[J].职业,2009(11):28-29.

[26]刘金秋,邱文旭,智春艳等.解读物理与艺术的交融[J].科技风,2020(12):232.

[27]赵静斐.浅析音乐乐理中物理知识的科学美[J].中学物理教学参考,2018(20):40-41.

[28]范丽珺.物理在体育运动中的学科渗透[J].中学物理教学参考,2018(14):73-74.

[29]郑小毛.其他学科思维在中学生物教学和学习中的应用[J].中学生物学,2016,32(5):74-77.

[30]王钢.最新中学物理学习思想方法[M].北京:中国青年出版社,2009.